社労士事務所の RPA 導入・活用 マニュアル

社会保険労務士法人TMC代表社員
特定社会保険労務士
岡部正治 著

日本法令

はじめに、私が代表を務める組織についてご説明します。

社会保険労務士法人TMC（以下、「当法人」という）はグループ会社も含め、全体で150名あまりの職員がいますが、その3分の2以上の職員が雇用保険・社会保険事務と給与計算事務に従事しています。膨大な事務量に対し、マンパワーを増やすことだけで対応することに限界を感じ、2019年2月、本格的にRPA（事務処理のロボット化）導入の挑戦を始めました。

社会保険労務士（以下、「社労士」という）は、被保険者資格の取得および喪失（以下、「得喪」という）と各種給付に関する手続き、給与計算、労働保険の申告や社会保険の算定・月変など、膨大な事務処理を行っています。それらをロボットが処理してくれればどれだけ助かるかと考えていましたが、それが現実になったのがRPAです。

効果は絶大で、事務の省力化、職員の負荷軽減、コスト削減、時間短縮、ミスの減少などが進み、それに伴って他の業務に時間を使えるようになり、顧客サービス強化や収益向上などの効果も出ています（なお、当法人が開発したRPAは次頁参照）。

2020年初めからの新型コロナウイルス感染症により、当法人および顧問先企業は多大な影響を受けました。当法人においては、感染症の影響により保育園や小学校が休みになるなどして育児をしているパート職員が出社できなくなるなど、マンパワーの確保が難しい時期もありました。

そのような状況下においても、3月から4月にかけての大量の入社・退職処理、それに続く労働保険の年度更新、顧問先企業からの新型コロナウイルス感染症関連の相談（雇用調整助成金や休業等）に対応することができました。これは、ロボットによる自動処理が軌道に乗っていたからに他なりません。その後も、社会保険の算定・月変や年末調整準備にかかる対応の時間を、例年より大幅に短縮することができました。

感染症だけでなく、大地震などの自然災害も含め、いつ何が起きるかわからない時代です。ロボットはどのようなときでも淡々と大量の仕事をこなしていきますので、非常に心強い戦力となります。当法人では、自社の省力化を図っただけでなく、全国の社労士事務所へのRPA導入支援も行い、コロナ禍で大変な状況下において助かったとの感想をいただきました。

　さらに、人手不足の労働市場、手続実務デジタル化の流れや顧客ニーズの変化等もあり、社労士事務所にとってRPAは欠かせないものになるとの考えに至りました。

　そこで、本書では、自社での経験を踏まえて「社労士業界の動向」「RPAが必要な理由」「RPA導入の仕方」「RPA導入の効果」などについてご案内します。

　弊社の経験が、本書を手にしてくださった皆様の事務所の業務効率化と顧客サービスの向上へ多少なりとも寄与することができれば、望外の喜びです。

岡部正治

No	種　類	概　要
1	得喪（雇用保険・社会保険の資格取得・喪失・変更処理）業務	マスタ入力、公文書の更新・ダウンロード、メール作成等をロボット化
2	給与計算業務	勤怠入力、前月対比、納品データ作成、連絡・納品メール作成、住民税控除額更新等をロボット化
3	労働保険年度更新業務	賃金・工事データの入力、納入通知書作成、連絡・納品メール作成等をロボット化
4	社会保険算定基礎業務	賃金入力、要チェック箇所の表示、届出書類作成、メール作成等をロボット化
5	行政の委託事業（助成金審査業務）	事業所情報・申請内容の入力、進捗に応じた台帳の更新等をロボット化

当法人が行った RPA 化（ロボット化）

※詳細は第3章参照。上記の他にも様々な RPA を開発済み・開発中です。

**序章　社労士業務の
デジタル化と RPA**

第1章　社労士業務における RPA 活用とは

🖥️ **第2章　RPA 導入・運用の流れと実務**

第3章 社労士業務への RPA 活用の実際

第 4 章　RPA 導入が事務所経営にもたらす効果

🖥️💻 **第5章　これから RPA 導入 を検討される方へ**

Ⅰ RPA を導入すべきか否か　172

Ⅱ RPA 導入方法の選択肢　174

社労士業務の
デジタル化と RPA

I　今後の社労士業界の動向

II　顧客との関係はどう変わるか

Ⅰ　今後の社労士業界の動向

1　行政手続のデジタル化（1・2号業務のこれから）

　社労士業界を取り巻く環境は大きく変化しています。今までは、紙の書類で多くの事務処理が行われていました。電子申請に取り組んでいる事務所においても、電子化できているのは一部の業務（得喪業務等）であり、全体的にはまだまだアナログ処理が多いでしょう。

　しかし、社労士業界を含め、次に挙げるように業務の電子化が急速に進んでおり、旧態依然の業態を続けていると、時代の変化に取り残される危険性があります。

・電子申請の定着・拡大
・マイナポータルの運用推進
・押印不要化
・スマートフォンを活用し、社員の自主申告での手続き
・免許証、保険証、マイナンバーカードの一体化
・学校でのタブレットを活用した教育の普及
・諸外国での電子化徹底（エストニアでは国が収入を管理するため、税務申告がなくなったと聞きます）
・デジタル庁の設置

　手続きの電子化・簡素化により、従来の顧客が社労士に手続代行等を依頼せず、自社で手続きを行う流れが強くなることが考えられます。デジタル化が進むことで、社労士へ連絡する作業量と行政へ情報送信する作業量との差異が小さくなり、従来

のような、社労士へのアウトソースによる事務省力化という、顧客側のメリットが小さくなる可能性があります。

　社会保険だけでなく、補助金・助成金申請においてもオンライン申請が普及してきています。このような流れが加速すると、書面申請に比べて手続代行が減少することも考えられ、社労士に対するニーズは情報提供やアドバイスが中心になっていくと考えられます。

　注）1・2・3号業務とは、社会保険労務士法2条1号、2号および3号に規定された業務を指す。

社会保険労務士法
第2条　社会保険労務士は、次の各号に掲げる事務を行うことを業とする。
① 労働社会保険諸法令に基づいて申請書等を作成すること。
①の2　申請書等について、その提出に関する手続を代わってすること。
①の3　労働社会保険諸法令に基づく申請、届出、報告、審査請求、再審査請求その他の事項について、又は当該申請等に係る行政機関等の調査若しくは処分に関し当該行政機関等に対してする主張若しくは陳述について、代理すること
①の4　省略（あっせん、調停に関する記載）
①の5　省略（個別労働関係紛争あっせんに関する記載）
①の6　省略（個別労働関係紛争に関する民間紛争解決手続に関する記載）
② 労働社会保険諸法令に基づく帳簿書類（その作成に代えて電磁的記録を作成する場合における当該電磁的記録を含み、申請書等を除く。）を作成すること。
③ 事業における労務管理その他の労働に関する事項及び労働社会保険諸法令に基づく社会保険に関する事項について相談に応じ、又は指導すること。

2 社労士のライバルはシステム会社

　行政事務の電子化が進むと、便利なソフトを導入し、自社で手続きをする企業が増えることが考えられます。会計業界においても、会計ソフトが簡単に操作できるようになり、記帳だけを行う税理士のニーズが低下していると聞きます。つまり、社労士も仕事の仕方を変えないと、「システム会社に仕事を取られる」と危惧しています。

　システム会社は、パッケージ化されたソフトウェアを販売するとともに操作を指導し、会社の担当者はそのソフトウェアで事務処理をしていくことになります。ソフトウェアの利用により自社処理が軌道に乗ると、手続き面では社労士が間に入る余地があまりなくなってくることが考えられます。

　よって、社労士が事務処理のアウトソース先となり続けるならば、徹底した合理化によりコストを下げ、スピードを上げ、システム会社よりも低価格でサービスを提供する体制を整備するか、他の面で顧客満足を得る取組みをしていくことが必要となります。

3 事務アウトソースのニーズ

　そのため、社労士としては、ロボット化などにより、定型業務を効率的にミスなく処理していく体制を整備することが喫緊の課題となります。そうすることで、低コストで大量に受注拡大することが可能となります。

　中小企業においては、事務担当者が十分な知識を持たないケースも多々あり、雇用保険・社会保険の加入要件、漏れのない労災保険の適用、給付制度の活用、変更事項への適切な対応等を、社労士がリードしていくことがまだまだ必要であると考

えます。

　中規模から大規模の企業においても、事務員の退職リスクや育成コストなどを考えると、アウトソースのメリットは大きいと考えられますが、1号・2号業務をこなすだけでは顧客満足を継続的に勝ち得ることは困難になっていくことが予想されます。

図表0-1　企業規模別　事務アウトソースのニーズ

No	企業規模	ニーズ
1	零細企業	・事務処理を自分ではできないので、社労士に丸投げしたい ・事務員を雇用することは考えていない。
2	中規模企業	・事務員だけでは知識不足なので、専門家のフォローが必要 ・事務員の退職リスクにも備えておきたい。
3	大規模企業	・自社処理とアウトソースのどちらが得かシビアに判断する ・法令対策、労使紛争対策など、高度なアドバイス・情報提供を期待する

Ⅱ　顧客との関係はどう変わるか

1　社労士に求められること

　1号・2号業務のニーズが低下していく中で、3号業務等の強化に取り組むことが社労士にとって極めて重要な経営課題となります。具体的には、次表のような例が挙げられます。

図表0-2　3号業務等の強化内容

No	業務内容	具体的取組
1	法令対策	労働関係法令の改正（働き方改革関連法、ハラスメント規制法等）に関する情報提供、対応支援
2	労使紛争対策	労務リスクに関する啓発、予防対策の支援、紛争発生時の助言・指導
3	就業規則・諸規程の整備・見直し	企業防衛型の就業規則整備、法改正や時代の変化、企業の方針変更等に対応した規程類の変更支援
4	賃金・退職金コンサル	賃金体系の見直し、賃金計算の適正化、退職金の制度設計等に関する助言・指導
5	助成金のコンサルティング、申請代行	助成金に関する提案、助言、提出代行

No	業務内容	具体的取組
6	研修	労務管理研修、ビジネスマナー講座、管理職研修、ハラスメント対策研修、メンタルヘルス研修等
7	年金相談	障害年金、遺族年金、老齢年金に関する助言
8	個別労使紛争解決代理（あっせん）	ハラスメント、労働条件の不利益変更等の労使紛争について、あっせんによる円満解決支援
9	労務監査	未払い賃金、過重労働、法違反、保険未加入、その他各種労使紛争リスクの抽出と対策支援

2 デジタル化による新しいビジネスチャンス

　人事労務管理の分野におけるデジタル化では、**図表0−3**のように、勤怠管理システム、HRテクノロジー、Webを活用した遠隔地の対応などが新しいビジネスチャンスとして考えられます。

　また、法改正等により**図表0−4**のような、様々な事業展開が考えられます。

図表0−3　デジタル化によるビジネスチャンス

No	商品内容	具体的取組
1	勤怠管理システム	・タイムカードは紙の保管、給与計算時の入力を伴うが、勤怠管理システムは電子データを保存するので給与計算時に勤怠データを取り込むことができる ・年次有給休暇の申請・承認・管理、時間外労働の申請・承認などもできる

No	商品内容	具体的取組
2	HRテクノロジー	・社員のスマートフォンを活用した人事労務に関する情報連携ツール ・入社時の個人情報入力を本人が行い、給与明細書・源泉徴収票・離職票などの交付は紙面ではなく、データを本人のスマートフォン上で連携する。そのため、総務部における入力・郵送などの手間が減少する
3	Webを活用した遠隔地の対応	就業規則の打合せ、助成金相談などを、WEB会議システムを活用して実施する。訪問の難しい遠隔地の対応もでき、関係資料を画面に映しながら説明できるため、対面打合せよりわかりやすい面もある

＜・・＞　図表0−4　法改正等に伴う事業展開　＜・・＞

No	商品内容	具体的取組
1	働き方改革法対策、労働時間管理、長時間労働の抑止	勤怠管理システムに加え、労働時間管理規程の整備など
2	リモートセミナー	集合研修は避けたいが、研修は実施したいとの企業ニーズに応える
3	ストレスチェック	事務処理を合理化することで、安価に大量処理が可能
4	ハラスメント対策	ハラスメント対策研修、規程の整備、相談窓口などの対応
5	個人適性診断	面接・選考の際の判断材料の一つとして実施。事務処理を合理化することで、安価に大量処理が可能

3 事業主が求めていることは何か？

　事業主は、社労士に対し、会社経営をしていくうえでのパートナーとしての役割が期待されていると思います。事業主自らが人事労務に関する様々な情報を収集し、手続きを行うのでは、本業に注力する時間がなくなってしまいます。また、人事に関することは社員には相談できない案件も多く存在します。

　社労士が事業主のパートナーとして、判断に迷ったときのアドバイス、事例紹介などを行い、経営判断の後押しをすることが期待されています。最終判断は事業主自らが行うにしても、必要な情報を得たうえでの判断と情報が乏しい中での判断には差が生じます。

　社労士がこのような立ち位置であてにされているかどうかが重要であると考えます。そのためには、社労士は常に勉強し、最新情報を押さえ、事業主に寄り添って対応し、良好な関係性を維持していく必要があります。

　当法人も「困ったときに頼りになる存在」「定期的にコミュニケーションをとり、何か新しい情報があれば提供してくれる存在」であることを心掛けています。

第 1 章
社労士業務における RPA 活用とは

- **I** RPA とは

- **II** AI 付き OCR とは

- **III** 事業継続対策としての RPA

Ⅰ　RPA とは

1　RPA とは何か？

　RPA（Robotic Process Automation）は、ロボットを活用した業務の自動化です。定型業務をロボットに記憶させることで、自動で処理が進むことになります。従来、人間が行っていた入力作業（クリック、文字・数値の入力、コピー・貼付け、データ変換、パスワード設定等）等をロボットが代わりに行う仕組みです。

2　RPA の仕組み

（1）事務処理を担う安定した「戦力」になる

　RPA を導入すると、手続きを行うためのデータの読込みや入力だけでなく、手続完了時に送られてくる行政機関からの公文書のダウンロード、顧客への処理完了報告メールの作成・添付ファイルへのパスワード設定、給与計算の入力・帳票作成等も、自動で処理できるようになります。人は、ロボットが行った処理の確認程度で済むため、他の業務に注力することができます。

　ロボットは、病気もけがもせず、退職せず、昼夜を問わず稼働でき、労働基準法（労働時間・休日、時間外労働の限度等）も適用されないため、安定した「戦力」となります。しかも、

ミスの防止と省力化を同時に実現する強力なツールです。

図表1-1　RPA導入前と導入後の変化

導入前	導入後
・大量の事務処理	・事務処理はロボットが24時間フル稼働
・疲労から来る作業ミス	・疲労もミスもゼロ
・顧客への助言・提案は後回し	・本来行うべき助言・提案に集中
・長時間労働	・時間外労働の削減
・人材不足、人件費高騰	・人材不足解消、人件費抑制

(2) 開発のキモはシナリオ設計

　RPAの開発においては、シナリオ設計を行うことになります。シナリオとは「作業手順」を指し、ロボットに実行してほしい処理の流れをフロー図で組み立てたものです（**図表1-2**）。RPAに実行させる業務の開始から終了までの間に「実行したい処理」「(処理結果に応じた) 分岐」「繰返し」といったプロセス（工程）を組み込んでいきます（詳しくは第2章Ⅲにて解説します）。フロー形式で人間が行う入力作業をロボットに記憶させ、同じ手順で実行させる仕組みとなっています。

(3) 実際のシナリオとはどんなもの？

　図表1-2は、所定のフォルダにあるデータ（元は手書きの文書）をブラウザ（Google Chrome）上で開いてAI付きOCRを使用して文字データを読み取る処理を行い、完了後にデータをダウンロードして任意の場所に保存する、というシナ

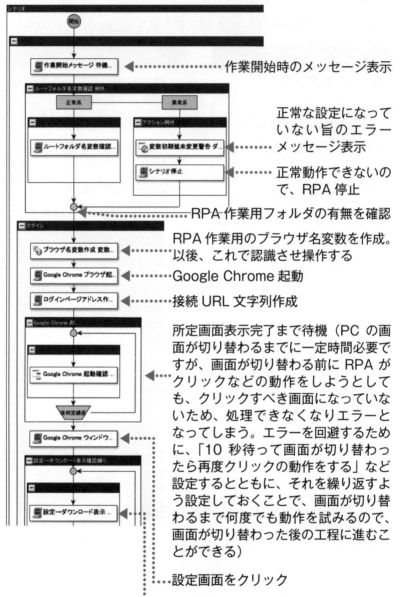

作業開始時のメッセージ表示

正常な設定になって
いない旨のエラー
メッセージ表示

正常動作できないの
で、RPA停止

RPA作業用フォルダの有無を確認

RPA作業用のブラウザ名変数を作成。
以後、これで認識させ操作する

Google Chrome起動

接続URL文字列作成

所定画面表示完了まで待機（PCの画
面が切り替わるまでに一定時間必要で
すが、画面が切り替わる前にRPAが
クリックなどの動作をしようとして
も、クリックすべき画面になっていな
いため、処理できなくなりエラーと
なってしまう。エラーを回避するため
に、「10秒待って画面が切り替わっ
たら再度クリックの動作をする」など
設定するとともに、それを繰り返すよ
う設定しておくことで、画面が切り替
わるまで何度でも動作を試みるので、
画面が切り替わった後の工程に進むこ
とができる）

設定画面をクリック

ダウンロード設定を、任意の場所へ保存をする設定に変更

リオの一部です。Google Chrome は、AI 付き OCR で文字を読み取るために起動させます。

　人が RPA を操作して作業を行う際は、まず何の RPA が動作しているかわかるように、作業開始メッセージボックスを表示させます（例：「これから OCR 読取りを開始します」）。

　次に、ルートフォルダと呼ばれる RPA が作業するフォルダが正しく存在しているかどうかのチェックを行います。正常系の場合（RPA が作業するフォルダが正しく存在する場合）、下のフローをたどり次の処理に移行します。異常系の場合（RPA の作業用フォルダがない場合）、正常に処理ができないため、注意メッセージを表示させます（内容：「ルートフォルダの内容を確認してください」）。その後、シナリオを停止させます。

　正常処理できる場合、OCR 管理サイトへのログイン処理に移ります。まず、RPA でブラウザを制御するために操作する画面の名称（ウインドウタイトル）を設定し、Google Chrome を起動させます。起動完了するまでの間に OCR 管理サイトの接続 URL を作成し、待機します。

　Google Chrome が起動したら、AI 付き OCR で読み取ったデータをダウンロードしますが、その際、任意の場所にダウンロードできるように、設定を変更します。保存場所の変更方法は、設定画面を開いてデータを保存したい任意の場所を設定します。すると、ダウンロードしたものが設定した任意の場所に保存されます。

(4) RPA の動作イメージ

　当法人のホームページには、**図表 1 - 3** のような RPA の紹介動画（得喪業務編）を掲載しています（約 5 分。https://www.youtube.com/watch?v=d-mX-rReNeI&t=53s）。

　動画では、RPA で得喪業務を行う場合のフローを示した（②）後、顧問先から受け取った Excel 等のデータをまとめた CSV データからシステムに情報を登録していく様子（③）や、納品用データのダウンロード、暗号化されたデータを添付した納品メールの作成（④）について、どのような流れで進むかを紹介しています。

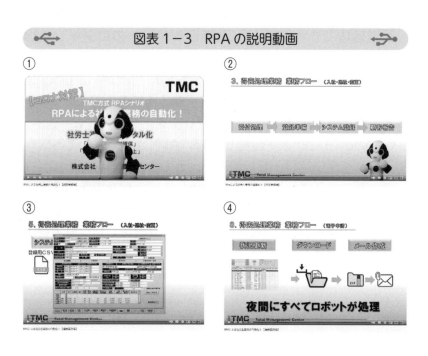

図表 1 - 3　RPA の説明動画

（5）当法人が開発した RPA の具体例

　本書の冒頭でも紹介しましたが、当法人で開発した RPA によりどのような業務のどの部分を自動化したかというと、例えば次のようなものがあります。

　これらの詳細および自動化した後の具体的な業務の流れは、第 3 章にて紹介します。

①　得喪業務

No	RPA 化の内容
1	入社時のマスタ入力を自動化
2	社会保険の資格取得証明書作成を自動化
3	社会保険料の案内作成を自動化
4	公文書の更新、ダウンロードを自動化
5	顧客への公文書送信メールの作成を自動化

②　給与計算業務

No	RPA 化の内容
1	顧客が入力するための勤怠表作成を自動化
2	前月データとの対比作成を自動化
3	給与の支給・控除一覧表、給与明細書等の PDF データ作成を自動化
4	顧客への納品メール作成を自動化
5	住民税控除額の更新を自動化

③　労働保険年度更新業務

No	RPA 化の内容
1	賃金データの読込みを自動化
2	年度更新計算を自動化
3	納付書等の PDF データ作成を自動化
4	顧客への納品メール作成を自動化

④　社会保険算定基礎業務

No	RPA 化の内容
1	マスタの不備抽出
2	2 等級以上の差の抽出
3	届出内容と結果通知の等級差異の照合

Ⅱ　AI 付き OCR とは

1　AI 付き OCR の仕組み

　当法人では、RPA 導入に伴い、顧問先とやり取りする文書のフォーマットをすべて統一しました（詳しくは第 2 章Ⅰにて解説します）。しかし、顧問先の中には Excel やメールを使える担当者がいないなど、まだ電子化に対応しきれていないところも一定数あります。そのため、現在も紙の書類のやり取りをしているところが一部ありますが、それでも RPA を活用できるのは、紙の書類に記載されている文字をデータ化できるシステムがあるからです。

　AI 付き OCR（Artificial Intelligence Optical character Recognition）は、人工知能を活用した高精度な光学文字認識システムです。クセ字も学習し、読取精度を向上できることが特徴となっています。

　AI 付き OCR の導入により、顧問先から送付される紙の書類の情報を手入力する工程がなくなり、時間短縮とミス防止を同時に達成できます。例えば、手書きの連絡票を FAX で受け取った場合でも、スキャナで読み込むだけで RPA での処理が可能なデータに変換することができます。メール等での電子データ送受信が困難な顧問先の対応として有効なツールとなっています。

2 AI付きOCRによる文字認識の例

　AI付きOCRは、紙の帳票から「読取枠」として設定した読み取りたい箇所の中に記載されている文字が、枠単位でデータに変換される仕組みになっています。

　帳票ごとに複数の読取枠を設定し、まとめて読み取ることができますが、設定した場所のみ読取りをしますので、フォーマットが統一されている必要があります。枠の位置が異なっていたりずれていたりすると、読み取ることができずエラーになってしまいます。フォーマットが統一されていれば、多少文字が雑で枠からはみ出したりしていても高い精度で読み取ることが可能ですし、クセ字、書き損じた文字の消去・訂正、略字、チェックマークなども認識し、データ化してくれます。

●書き損じた文字を消去して書き直した場合の読取例

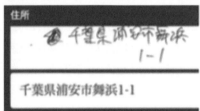

●枠外へはみ出した場合の読取例

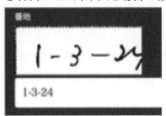

●チェックマークの読取例

チェックが入っていれば「1」、入っていなければ「0」としてデータに変換される

　紙の帳票と AI 付 OCR で読み取ったデータを比較してみましょう。以下の画像のうち、上段は読み取る帳票（入社連絡票等）に対して読取枠を設定している画面から読取枠の部分のみ切り出したものです。下段には、設定された箇所を読み取った画像と AI が認識した文字が表示されています。

（1）書き損じた文字を消去・訂正した場合の読取例

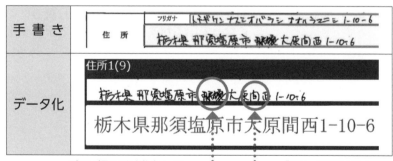

手 書 き	住所　フリガナ　トチギケン ナスシオバラシ オオハラマニシ 1-10-6 栃木県 那須塩原市 那塊大原間西 1-10-6
データ化	住所1(9) 栃木県 那須塩原市 那塊大原間西 1-10-6 栃木県那須塩原市大原間西1-10-6

書き損じを消去した
部分は除いてデータ化　　　　　「間」の略字も認識

（2）文字が読取枠の外にはみ出ている場合の読取例

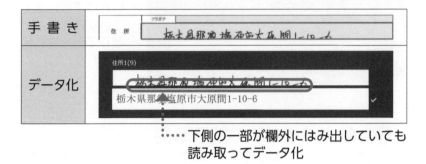

> ┈┈┈ 下側の一部が欄外にはみ出していても
> 読み取ってデータ化

（3）左手で書いた場合の読取例

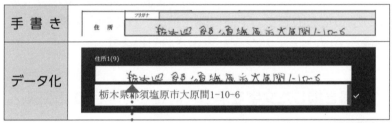

> ┈┈ 利き手に比べると目視ではかなり読みにく
> くなっているがすべて読み取ってデータ化

（4）訂正印を押印し、訂正した場合の読取例

二重取消線と訂正印で削除した
部分を除いてデータ化

（5）複数の読取枠を設定した場合の読取例

　前述のとおり、AI 付 OCR は帳票ごとに複数の読取枠を設定し、まとめて読み取ることができます。実務上は、複数の読取枠を設定してまとめてデータ化しています。その場合の例を、次に示します。

① 助成金申請書の読取事例

手 書 き	令和2年 8 月 1 日 ナウイルス感染症緊急経済対策実行委員会 **郵便番号** 329 - 3157 **住所又は所在地** 栃木県那須塩原市大原間西1-10-6 **（フリガナ）** カブシキガイシャ サンプルショウジ **名称** 株式会社 サンプル商事 **氏名又は代表者名** サンプル 太郎 　印 **店舗名（屋号等）**
データ化	郵便番号 329 - 3157 329-3157 住所 栃木県那須塩原市大原間西1-10-6 栃木県那須塩原市大原間西1-10-8 フリガナ カブシキガイシャ サンプルショウジ カブシキガイシ●サンプルショウジ 名称 株式会社 サンプル商事 株式会社サンプル商事●●●●●● 代表者 サンプル 太郎 サンプル太郎

··· 小字であることを認識してデータ化

② 入社連絡票の読取例

入社（加入）連絡票

手書き

事業所コード		会社名				人事担当者
009996		サンプル株式会社				田中

社員コード	フリガナ	ヤマダ		イチロウ				入社日				

| 氏名 | 山田 | 一朗 | | 令和 | 1 年 | 7 月 | 1 日 |

| 生年月日 | ☑昭和 □平成 | 61 年 | 6 月 | 7 日 | 性別 | ☑男 □女 |

| 郵便番号 | 325-0111 | 電話番号 | 080 - 1234 - 9876 |

住所 ※都道府県からご記入ください	フリガナ	トチギケンナス シオバラシ イタムロ
		栃木県那須塩原市板室 1005-1
	フリガナ（建物名等）	シオバラ ハイツ
		塩原ハイツ 305号室

雇用保険	加入区分	□加入なし ☑加入あり 令和	1 年	7 月	1 日 ～
	雇用保険番号	-		-	
	前勤務先名 ※雇用保険番号不明時	(株)塩原ホテル	※雇用保険加入歴がない場合は「なし」と記入		

社会保険	加入区分	□加入なし ☑加入あり 令和	1 年	7 月	1 日 ～
	基礎年金番号	1234 - 567890			

| 総支給額等 | ☑月給 □日給 □時給 | 月見込額 | 200,000 | 円/1ヶ月 |

データ化

事業所コード(1)
009996
009996

事業所名(3)
サンプル株式会社
サンプル株式会社

従業員コード(2)

社員氏名(4)
山田
山田

社員氏名カナ(5)
ヤマダ
ヤマダ

1つの記入欄に1つの情報を書くようにレイアウトすることで適切に情報を読み取る

4 他業種における AI 付き OCR の活用

　顧問先等から AI 付き OCR や RPA を活用した業務の合理化について相談を受けた中には、人事考課表の集計作業が非常に煩雑であるとして、AI 付き OCR を活用してデータ化し、Excelへ転記することにより人の入力作業を大幅に削減できた例もあります。

　この例では、各従業員につき本人評価と上司評価の 2 つの評価を集計して人事考課表を作成する作業を、次のように自動化しました。

① 　各人の紙の評価結果を AI 付き OCR で読み取り、データ化する

② 　全員の結果を読み取ったら、CSV データを作成する

③ 　Excel のマクロ機能を使ってデータを本人評価集計と上司評価集計とに分け、各項目の評点の合計値と読み取った合計値とが一致しない場合は、氏名欄を黄色く表示してアラートを出す

　この例に限らず、また社労士事務所に限らず AI 付き OCRの活用による負担軽減・業務効率化ができる可能性があります。

　そこで、これまでの改善提案例などから、社労士事務所以外での AI 付き OCR の活用方法について紹介します。

・紙の人事考課表

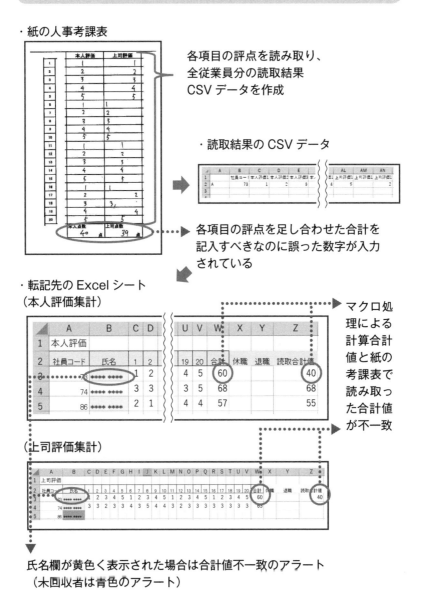

各項目の評点を読み取り、
全従業員分の読取結果
CSV データを作成

・読取結果の CSV データ

各項目の評点を足し合わせた合計を
記入すべきなのに誤った数字が入力
されている

・転記先の Excel シート
（本人評価集計）

マクロ処
理による
計算合計
値と紙の
考課表で
読み取っ
た合計値
が不一致

（上司評価集計）

氏名欄が黄色く表示された場合は合計値不一致のアラート
（未回収者は青色のアラート）

（1）税理士事務所における通帳の転記業務への活用

導入前	顧客から預かった通帳を入力し、帳簿を作成
導入後	顧客から預かった通帳を AI 付き OCR で読み込み、データ化し、そのデータを加工して帳簿を作成

通帳をAI付きOCRで
読み込み、データ化

RPAが通帳の
入力を自
動で実施

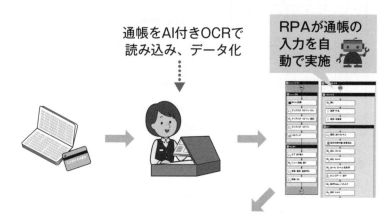

番号	明細区分	取扱日付	起算日	お支払金額	お預り金額	取引区分	残高	摘要
1		2021/3/●		¥30,000		出金		
2		2021/3/●		¥70,000		出金		
3		2021/3/●		¥800,000		出金		
4		2021/3/●		¥1,000,000		出金		
5		2021/3/●			¥30,000	入金		
6		2021/3/●			¥70,000	入金		
7		2021/3/●		¥150,000		出金		
8		2021/3/●		¥50,000		出金		
9		2021/3/●		¥300,000		出金		
10		2021/3/●		¥20,000		出金		

RPAがExcelデータに変換するため、変換後
はそのデータを活用して帳簿作成が可能

(2) 製造業における受注管理への活用

導入前	FAX 等で受領した手書きの注文書を生産管理台帳に手入力し、作業指示書・納品書・請求書の作成、メール送信を事務員が 1 件ずつ手作業で行う
導入後	FAX 等で受領した手書きの注文書を AI 付き OCR で読み込み、それを生産管理台帳へ RPA で自動入力 作業指示書・納品書・請求書の作成・メール送信も RPA が自動で処理

注文書をAI付きOCRで読み込み、データ化

RPAが「生産管理台帳の入力」「作業指示書・納品書等の作成」を

RPAがExcelデータに変換するため、変換後はそのデータを活用して起票が可能

（3）介護事業所における保険外請求業務への活用

導入前	利用者の各種保険外請求のサービス（おむつ・尿漏れパッドの提供等）の内容を、事務員が利用者ごとに手書きで記録しておき、月末に集計してパソコンに入力。請求書の発行、送付も事務員が1件ずつ手作業で行う
導入後	所定の様式に記録する方法に変更し、AI付きOCRで読み込んだ様式のデータをRPAで自動集計。請求書発行、送付準備もRPAが自動で処理

チェック表をAI付き
OCRで読み込み、
データ化

RPAが各項目の
回数を自動集計

RPAが請求書を自動作成すると
同時に送付準備も実施（事務員が
内容を確認し、発送）

(4) サービス業における購買管理への活用

導入前	各部門責任者が手書きのメモで注文依頼書に購買内容を記入し、総務に渡す。総務担当者が集計してパソコンに手入力し、発注書を作成・送付
導入後	各部門責任者が手書きで記入した購買内容のメモをAI付きOCRで読み込み、データ化 RPAが発注先と発注内容（品名、数量等）を振り分け、自動的に発注書を作成し各社へ送付するする方法に変更

注文依頼書をAI付き
OCRで読み込み、
データ化

RPAが「発注先、品名、数量」を自動集計

RPAが発注書を自動作成し、
送付準備も同時に実施
（総務が内容を確認し、発送）

(5) 建設業における支払手続への活用

導入前	各業者から送付される請求書を1件ずつ手入力（業者名、振込先口座、振込金額等）し、インターネットバンキングで振込みを行うためのデータを作成
導入後	業者から送付される請求書をAI付きOCRで読み込み、データ化（業者名、振込先口座、振込金額等） RPAがデータをインターネットバンキング用に変換し、それを取り込んで振込手続をする方法に変更

請求書をAI付き
OCRで読み込み、
データ化

RPAが振込先、
振込金額等の
データ
を整理

◀····· データをインターネットバンキングに
取り込み、振込みを実行

Ⅲ　事業継続対策としての RPA

1　当法人が RPA 開発に取り組んだ理由

(1) 職員の育成・確保

　本書の冒頭でご紹介したとおり、当法人にはグループ全体で150 名あまりの職員がいますが、その 3 分の 2 以上の職員が雇用保険・社会保険事務と給与計算事務に従事しています。膨大な業務量のためにその処理に追われ、顧問先に向き合う意識がなかなか向上せず、顧問先をよく理解していないために起こるミスが散見されるという課題を抱えていました。

　さらに、退職者が出ると補充要員の確保・育成に追われるというサイクルを繰り返していたため、その状況を変えたいとの思いからロボット化に関する調査を始め、2019 年 2 月に本格的に挑戦を始めました。

(2) システム会社との競合

　また、今のままではいずれシステム会社に仕事を取られてしまうという危機感もありました。便利なソフトウェアが開発され、顧問先企業が自社で簡単に事務処理ができるようになると、顧客離れが起きる可能性があります。デジタル化の波は加速していますので、今のうちに次の時代に備えた対応が必要である、と考えました。その答えの一つが、RPA 導入による合

理化です。

　事務処理を自動化することで、早く、正確に、低コストで事務処理アウトソースを行うことができ、社労士事務所としての専門的知見との組合せにより、顧客が安心して任せられる体制を構築することができると考えました。

　そのような考えからRPA導入を決断しましたが、それなりに時間と労力は要しました。最初は職員の間に従来の仕事の仕方を変えることへの抵抗感があり、なかなか組織内でロボット化の気運が高まりませんでした。改善活動を進めるうえで、固定観念に捉われることは大きな障害となります。そのため、改善意識と実行力の高い職員をロボット化推進担当者に選任し、経営層は担当者が動きやすくなるよう、組織内全体の意識改革などのサポートをすることに注力しました。

　こうして、通常業務とは別路線でのロボット対応型の業務の改善通路（バイパス）が整備されました。

　また、担当者やパートナー（システム会社）に任せきりにせず、経営層が積極的に現場に下りて状況把握と指示を続けたことも大きいと思います。RPA化を成功させるためにはトップの最終決断が絶対に必要です。

　改善→周知→不具合発生→修正のサイクルを続け、安定軌道に乗せた結果、今ではロボットが必要不可欠な戦力として機能しています。RPA化により事務処理にかかる人員（人件費）も大幅に削減できましたので、開発に要したコストは十分に回収することができました。

❷ RPA導入が事業継続対策として有効と考える理由

　当法人がRPA開発に着手した2019年当時と比較して、現在ではさらに必要性が増していると考えられます。

（1）アフターコロナの経営戦略

① 対顧問先

　新型コロナウイルス感染症の影響により、テレワークの実施や対面打合せの抑制・非接触型サービスへの移行等を進める必要性が高まりました。これらの実現には、業務の電子化が必須となります。

　現在でも顧問先からは「来てほしい」という要望も多く聞かれますが、感染症対策と移動時間の削減を兼ねて、社労士は足で稼ぐ文化から転化しなければなりません。Web会議への切替えを進めようとすると、初めのうちこそシステムの利用を面倒に感じる顧問先から難色を示されるかもしれませんが、やり方を丁寧に教えて、1回経験すれば、手軽さ、便利さに気づいてもらえると思います。

　訪問型の場合、お互いに時間を合わせる必要があり、ある程度まとまった時間が必要ですが、Web会議であれば15分程度の隙間時間を有効活用して打合せをすることもできます。

　不要不急の外出を控えるべき状況においては、社労士事務所と顧客の両方が合理化に向けて意識改革をしなければならないと思います。

② 対法人内

　新型コロナウイルス感染症の影響から、当法人でも顧問先への外出禁止、職員の出社抑制などに対応するため、テレワーク（在宅勤務、サテライトオフィス勤務）を推進し、非常時・緊急時の対策としました。保育園の休園や小学校の休校により育児中のパート職員が出社できない状況になったら、業務に相当な支障が出ることが懸念されましたが、在宅勤務でも仕事をできる体制にしたことで、これらの影響を抑制することができました。ワーク・ライフ・バランス上も、通勤時間の負担をなく

したことで職員からは非常に助かっているという声が聞かれます。

(2) 人手不足と職員の退職リスク

　売手市場となっている現在、求人を出してもなかなか思うような人材の応募が来ない、厳しく指導するとすぐに退職してしまうなど、人材確保は多くの組織を悩ませる経営課題となっています。

　職員が退職すると代替要員の確保がなかなかできず、人材を獲得できても育成に時間がかかることを考えると、職員の退職リスク対策として何をするか、早急に検討する必要があります。

　日本の労働人口減少は今後も続きますので、新型コロナウイルス感染症や自然災害などにより求人数が減少することはあっても、それは一時的なものに留まり、全体としては売手市場の傾向は続くものと思われます。特に、高い IT スキルを有する人材や高い専門能力を有する人材は争奪戦となり、社労士事務所が期待する人材を計画どおり獲得するためには、かなりの努力と運が必要になります。人手不足対策としても、RPA による業務自動化の必要性が高まっていると考えられます。

図表1−5 労働市場の変化

以　前	現　在
・買手市場	・売手市場
・厳しく指導しても我慢するのが当たり前	・厳しく指導すると辞めてしまう。パワハラと訴えられることもある
・就職したら定年まで働くのが当たり前（終身雇用）	・転職が現実的な選択肢になっている（終身雇用の前提がない）
・退職者が出ても代替要員をすぐに採用できた	・退職者が出ると、代替要員の確保が困難（求人を出しても応募がなかなか来ない）
・新人は必死で仕事を覚えた	・マイペースで成長速度が遅い人もいる
・大量の応募があり、集団面接の結果、一番優秀な人材を採用	・応募が少数で、求める人材像と異なってもやむを得ず採用するケースがある
・1つの仕事に専念する傾向が強い	・副業や派遣も盛んに行われている

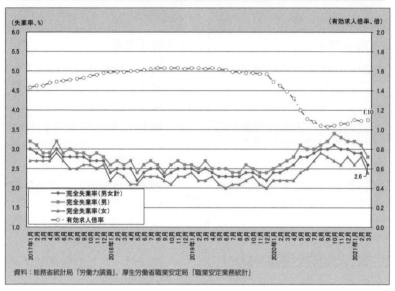

図表1-6　完全失業率と有効求人倍率の推移

資料：総務省統計局「労働力調査」、厚生労働省職業安定局「職業安定業務統計」

（出典）令和3年版厚生労働白書

（3）天災地変への備え

　近年、自然災害の発生リスクが高くなっており、各地で地震や台風被害、水害などが発生しています。

　そのため、社労士事務所においても、BCP（Business continuity planning ＝事業継続計画）を策定し、非常時に備える必要があります。一般的に、BCP策定では次のような取組みが行われます。

・想定される自然災害と被害の整理
・建物、設備の耐震対策
・災害発生時の対応体制、指揮命令系統の整備
・災害発生時の緊急参集基準、参集対象者の設定
・災害発生時に優先的に取り組む事項とその手順・目標時間の

設定
・重要なデータのバックアップ
・代替対応拠点の確保
・避難誘導方法の確認
・安否確認の手段、手順の整備
・災害発生直後の連絡先、連絡手段の整備
・必要な資源の調達先、代替調達先の確保
・備蓄、救出用機材の確保
・クラウドによる電子データ保管
・テレワーク（在宅勤務、サテライトオフィス）
・定期的な訓練実施
・定期的な BCP の見直し

　当法人では、上記のような BCP 策定と併せて RPA 導入により少人数で大量の事務処理を可能とする体制づくりを行っています。

（4）労務コストの増大

　働き方改革関連法の施行やコロナ禍による影響などで、労働時間が短縮される一方、休暇日数が増えています。非正規社員の人件費も上昇する傾向にあります。

　労務コストが増大のみで生産性の向上が図られなければ、収益性が低下するリスクがあります。よって、業務効率化による労務コストの低減策が必要となります。

図表1-7　賃金水準の推移

性別賃金の推移

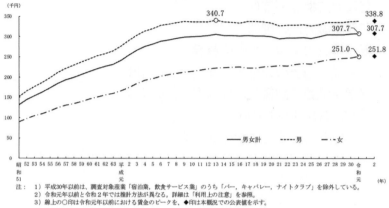

注：　1) 平成30年以前は、調査対象産業「宿泊業，飲食サービス業」のうち「バー，キャバレー，ナイトクラブ」を除外している。
　　　2) 令和元年以前と令和2年では推計方法が異なる。詳細は「利用上の注意」を参照。
　　　3) 線上の〇印は令和元年以前における賃金のピークを、◆印は本概況での公表値を示す。

性別賃金、対前年増減率及び男女間賃金格差、対前年差の推移

年[1]	男女計 賃金(千円)	男女計 対前年増減率[2](%)	男 賃金(千円)	男 対前年増減率[2](%)	女 賃金(千円)	女 対前年増減率[2](%)	男女間賃金格差(男=100)	対前年差[2](ポイント)
平成 13 (2001) 年	305.8	1.2	340.7	1.2	222.4	0.8	65.3	-0.2
14 (2002)	302.6	-1.0	336.2	-1.3	223.6	0.5	66.5	1.2
15 (2003)	302.1	-0.2	335.5	-0.2	224.2	0.3	66.8	0.3
16 (2004)	301.6	-0.2	333.9	-0.5	225.6	0.6	67.6	0.8
17 (2005)	302.0	0.1	337.8	1.2	222.5	-1.4	65.9	-1.7
18 (2006)	301.8	-0.1	337.7	0.0	222.6	0.0	65.9	0.0
19 (2007)	301.1	-0.2	336.7	-0.3	225.2	1.2	66.9	1.0
20 (2008)	299.1	-0.7	333.7	-0.9	226.1	0.4	67.8	0.9
21 (2009)	294.5	-1.5	326.8	-2.1	228.0	0.8	69.8	2.0
22 (2010)	296.2	0.6	328.3	0.5	227.6	-0.2	69.3	-0.5
23 (2011)	296.8	0.2	328.3	0.0	231.9	1.9	70.6	1.3
24 (2012)	297.7	0.3	329.0	0.2	233.1	0.5	70.9	0.3
25 (2013)	295.7	-0.7	326.0	-0.9	232.6	-0.2	71.3	0.4
26 (2014)	299.6	1.3	329.6	1.1	238.0	2.3	72.2	0.9
27 (2015)	304.0	1.5	335.1	1.7	242.0	1.7	72.2	0.0
28 (2016)	304.0	0.0	335.2	0.0	244.6	1.1	73.0	0.8
29 (2017)	304.3	0.1	335.5	0.1	246.1	0.6	73.4	0.4
30 (2018)	306.2	0.6	337.6	0.6	247.5	0.6	73.3	-0.1
令和 元 (2019)	307.7	0.5	338.0	0.1	251.0	1.4	74.3	1.0
※令和 元 (2019) 年[2]	306.0	…	336.1	…	249.8	…	74.3	…
2[2] (2020)	307.7	0.6	338.8	0.8	251.8	0.8	74.3	0.0

注：　1) 平成30年以前は、調査対象産業「宿泊業，飲食サービス業」のうち「バー，キャバレー，ナイトクラブ」を除
　　　　外している。
　　　2) 令和2年より推計方法を変更しているため、令和2年の対前年増減率及び対前年差（ポイント）は、同じ推計方
　　　　法で集計した令和元年の数値を基に算出している。詳細は、「利用上の注意」を参照。
　　※令和元(2019)年は、令和2年と同じ推計方法で集計した令和元年の数値を参考として掲載したものである。

（出典）令和2年賃金構造基本統計調査

(5) 顧客ニーズの変化

　序章でも述べましたが、今後、顧客ニーズは事務のアウトソースからコンサルティングへと比重が移行していくと考えられます。また、紙の書類のやり取りは減少し、電子化へのシフトが急速に進んでいくものと想像されます。中小企業ではまだまだという実態もありますが、大手企業では既に得喪処理に押印をする文化がなくなってきています。

　顧問先が紙の書類のやり取りを求めているか否か、紙の書類で控えを保管したいと思っているか否かを感じ取り、時代の変化に合わせてサービスのあり方を変える必要があります。書類で渡さなければと考えているのは社労士のほうだけで、顧問先では紙の書類よりも電子データのほうがありがたいと思っているかもしれません。

 図表1-8　顧客ニーズの変化

以　前	現　在
・事務処理の委託	・有益な情報の提供、アドバイスを期待
・頻繁に押印	・押印省略化
・紙面のやり取り	・電子データでのやり取り
・紙面での保管	・電子データでの保管
・自社処理は困難	・便利なソフト・システムが台頭
・労働関係法令に限定した関係	・厚生労働省以外の補助金など、周辺業務への期待増

第2章

RPA 導入・運用の流れと実務

I RPA 導入に向けた体制を整備する

1 導入をシステム会社に丸投げしなかった理由

RPA 導入には、次の 2 通りの方法があり、それぞれに強み・弱みがあると思います。

・自社職員が対応 ➡ 業務に詳しいが、システムに詳しくない。

・システム会社に委託 ➡ システムに詳しいが、業務に詳しくない。

当法人では、当初システム会社に委託して RPA を導入しようと考えていましたが、結果的に自社で対応することに変更しました。

変更した理由は、システム会社主導で導入を進めた場合に、導入前の作業手順をそのままロボット化する流れに偏る傾向が見られたためです。また、パッケージ化された商品を売るところまでで終わってしまうため、システムの継続的改善をサポートすることまでは期待できない面があるとも思われたためです。

当法人では、顧客にも協力を要請しながら合理的な手順の下でロボット化を進め、RPA 導入をきっかけに業務手順の見直しを行いたいと考えていました。また、独自の請求管理ソフトや業務管理ソフトを利用しており、基幹ソフトとこれらを連動させることが必要でした。さらには、業務手順は数年おきに変

更となる可能性が高いため、それを見越すと自社職員で対応すべきと考えたのです。

　つまり、システムに関する知識よりも業務知識のほうが重要であると判断し、システム面の知識不足についてはパートナー会社の支援を受けながら導入することにしました（開発機・運用機の勉強に6カ月を費やしました）。職員はRPAに関する知識や経験は素人でしたが学ぶ意欲は高かったため、所定の研修を受けることでシステム面で必要な知識を習得することができました。

2 「改善意識と実行力の高い者」を基準に導入チームのメンバーを選定

　当法人におけるRPA導入において、導入チーム（担当者）の選定は一番重要なポイントでした。RPA担当者は、業務に精通していればよいというわけでもありません。むしろ、ベテラン職員は従来の仕事の仕方に慣れきっているため、業務手順を変えることに抵抗感がある人もいます。「仕事のやり方を変えるのはリスクがある」「目の前の仕事が忙しく、改善活動に時間をかける余裕がない」「システム設計はエラーがこわい」などという気持ちもわかりますが、これを言っていては何も成し遂げられません。

　そのため、当法人では、業務知識やパソコンスキルのレベルではなく、「改善意識と実行力の高い者」という基準で選び、業務経験のない新人も含めてメンバーを選任しました。RPA担当者は、どんなに知識があっても、改善意欲がなければ開発は進まなくなってしまいます。導入後の成果に向かって止まらずに進む人、社内の意見に耳を傾けて改良を重ねていく意欲がある者が適任者と考えます。

　導入チームを選任した後は、**図表2-1**のように進めました。

ステージ	内　容	トップの関与
1	RPA の動作確認、基本ソフトの理解（スタッフ）	静観（約 3 カ月）
2	シナリオ作成トレーニング、RPA のテスト（スタッフ）	静観（約 2 カ月）
3	シナリオ決定（現場都合のシナリオになっていないか点検） ※トップは、無理・無駄・ムラがないか、人と RPA の住み分けがよいか、自社の手順を顧客に協力してもらえるかどうかなどを判断 ※ 100 点の出来を求めるとスタートが切れないため、スタートは60 点でよいという前提で進め、問題点があれば運用しながら直していくスタイルを採用	関与（約 1 カ月）
4	現場視察 ※自社内の波及が遅いと感じたため、現場の状況を確認	関与（約 3 カ月）
5	バイパス経路の設定、ラストラン開始数多くのテスト測定（バグ出し）、検証、実行 ※現場での RPA 普及は無理と判断し、トップ自ら RPA 化の道筋を描く	関与（約 3 カ月）

③ パートナー（システム会社）の選定

　RPA 導入には、信頼できるパートナー（システム会社）の存在が必要不可欠となります。当法人は複数の企業をパートナー候補としてトライアルしましたが、最終的には**図表２−2**のような理由から、NTT 東日本栃木支店とパートナーシップ（「企業の働き方改革実現による地域経済活性化に向けた連携協定」）を締結（2019 年 6 月 18 日）し、「WinActor」という RPA ソフトでの導入を決定しました。

　導入にあたっては、当法人の業務内容、扱っている基幹ソフトの内容、これから行おうとしている改善内容を知っていただく必要がありました。NTT 東日本栃木支店の斉藤副支店長、小野寺課長、山口様、野村様などには足繁く当法人に来ていただきましたが、それでも理解を深めていただくまでには 2 カ月を要しました。その後も、運用開始前のテスト（バグ出し）や調整への協力をお願いしました。

図表 2−2　NTT 東日本を選んだ理由

・RPA と AI 付き OCR をセットで扱っている
・通信回線全般に明るく、システム全体に気を配った対応をしてくれる
・NTT データが販売元であり、信頼に足りる実績がある
・何度も当法人に来社して打合せするなど、営業担当者の熱意がある

1	自動化対象ソフト	Windows 端末から操作可能なあらゆるソフトに対応	IE や Office 製品（Excel、Access、Word、Outlook 等）はもちろん、ERP や OCR、ワークフロー（電子決済）、個別システム、共同利用型システムにも対応
2	対応言語	完全日本語対応 対応言語を順次拡大	操作画面、マニュアル、サポートのすべてが日本語・英語に対応 対応言語を順次拡大
3	取扱い難易度	ユーザー部門でも操作可能	操作性が高く、プログラミング知識や特殊な言語は不要
4	信頼性	NTT グループで開発・利用	NTT 研究所が開発、グループで長年利用し、ノウハウが詰まったソリューション
5	サポート	技術者による充実したサポート	NTT データ・パートナー企業が国内のすべての地域を網羅 海外パートナー企業によるグローバルサポートも展開
6	価格	お求めやすい価格設定	「まずはやってみよう」で始めやすい料金体系
7	環境	PC1 台から動作	特殊な環境構築は不要 PC にインストールするだけで利用可能
8	導入期間	即日利用 OK	環境構築もルール作成も簡単 スモールスタートに最適
9	製品成長	頻繁な機能拡張	提供計画と、お客様のご要望を反映したショートスパンでの機能拡張

（出典）NTT 東日本ホームページ

4　対象業務の選定（RPA 化に適した業務、適さない業務の区分け）

　導入にあたっては、RPA にシフトする業務とそれ以外の業務の区分けをする必要があります。RPA 化には、判断を伴わない単純業務、大量に処理が発生する業務を対象とするのが適しています。逆に、判断・応用が必要な業務、電子化されていない業務は RPA 化に適しません。

図表2−4でいえば、Aの領域が最もRPA化に適しており、Dの領域が最も適さないことになりますので、各業務を表内のどの位置にあるかを整理することが、対象業務選定をするうえで効果的です。

　社労士業務の中では、得喪、給与計算、労働保険年度更新、算定・月変などの定型業務がRPA化に適しているといえます。また、業務の全部を自動化できなくても、一部分だけを自動化することで業務省力化につながりますので、業務フローの中で「どの部分が定型的か」「どの部分が負荷になっているか」を考えることも重要です。

図表2−4　RPA化に適した業務、適さない業務

A　単純業務、頻度高い	B　単純業務、頻度低い
・得喪 ・給付の申請 ・給与計算 ・算定・月変 ・労働保険年度更新 ・育児・介護休業等規程	・レアケースの得喪 ・レアケースの給付の申請 ・レアケースの許認可業務
C　判断を伴う、頻度高い	D　判断を伴う、頻度低い
・就業規則作成 ・助成金申請 ・労災給付申請	・労務監査 ・あっせん ・年金相談 ・労使紛争対策

↑単純　複雑↓

←頻度高い　　頻度低い→

業務内容	自動化できる工程	人間が行う工程
得喪	・マスタ入力 ・マイナンバー登録 ・公文書の更新・ダウンロード ・顧客へのメール文面作成	・顧客との連絡・調整 ・入社連絡票の読込み ・自動入力された内容の確認…電子申請 ・顧客へのメールの確認・送信
給与計算	・勤怠データ作成 ・データの取込み・計算 ・前月対比表作成、 ・帳票の PDF データ作成 ・顧客へのメール文面作成	・顧客との連絡・調整 ・計算結果の確認 ・顧客へのメールの確認・送信
労働保険 年度更新	・賃金データ・工事データの読込み ・雇用保険非加入者の抽出 ・帳票の PDF データ作成 ・顧客へのメール文面作成	・顧客との連絡・調整 ・計算結果の確認 ・雇用保険加入有無の判断 ・行政への申請 ・顧客へのメールの確認・送信
算定・月変	・マスタの不備抽出 ・月変可能性の抽出 ・帳票の PDF データ作成 ・顧客へのメール作成	・顧客との連絡・調整 ・処理結果の確認 ・月変の有無判断 ・行政への申請 ・顧客へのメールの確認・送信

主に入力、定型文書作成に関する内容

主に顧客との連絡、内容確認、判断に関する内容

5 RPA での処理に適した処理方法への変更と顧問先への協力依頼

（1）処理方法の変更

　RPA に業務を処理させるためには、判断をせずに業務を進められるようにやり方を変更する必要があります。

　まず、処理させる情報はすべて電子データであることが必要となりますので、顧問先とのやり取りもメールで行えるよう、すべての顧問先のメールアドレスを登録しました（メールを使用できない顧問先には、来社してもらうスタイルとしました）。

　次に、顧問先とのやり取りで使用する書式のフォーマットを統一しました（**図表 2−6**）。人によって手順や様式が異なるようでは、RPA 化を進めることはできません。それまで、当法人が顧問先に提供したフォーマットを使ったり顧問先が持っているフォーマットを使ったりと様々でしたが、RPA で処理する場合には、西暦と元号が混じって記載されたりしているとエラーになってシステムがストップしてしまうため、統一する必要があったのです。

　紙の書類でのやり取りが続く顧問先についても、AI 付き OCR で書類を読み取ってデータ化することは可能ですが、その読取りを可能にするために統一フォーマットとすることが必要でした。また、読取枠の位置ごとに AI の判断材料である、文字列枠か、数字か、金額かなどの設定も必要でした。

　具体的には、生年月日の記入欄について、丸で囲んで選択する方式だったものを、次のようなチェックマーク方式にして、数字の記入スペースも「年」「月」「日」を 1 つずつ区分けした設定に変更するなどして、統一しました。

生年月日	□昭和 ☑平成	9	年	10	月	23	日

・RPAでの対応が可能な新様式

入社（保険加入）　連絡票

手続連絡　T 21-02

事業所コード		事　業　所　名					人事担当者	

処理区分	□ 新規入社　□ 在職者	所属			部門	

社員コード	カナ					生年月日			
	氏名			□ 昭和 □ 平成		年	月	日	

性　別	□ 男　□ 女	郵便番号	－		電話番号	

住　所	都道府県	フリガナ			建物カナ	

入 社 日 ※在職者は記入不要	令和	年	月	日	給与見込月額	円
給与種別		□ 月給　□ 日給　□ 時給	週所定労働時間		時間	分

社会保険 加入	加入日	令和	年	月	日	基礎年金 番号	※マイナンバー未届出の場合は記入
	扶養	□ 有　※扶養異動連絡票添付　□ 無				健保番号 ※在職者は記入	

外国人 在留カード 添付 ※被保険未加入 も記入	手当	□ 月額 □ 単価		円		控除	□ 月額 □ 単価		円
	ローマ字氏名 ※大文字								
	在留カード 番号				国籍・地域				
	在留期間 ※西暦	年	月	日	在留資格			資格外 活動許可	□ 有 □ 無
※人事課 処理欄	マイナンバー		未回収時の理由				※マイナ登録		

備　考	

・旧様式

入社（加入）連絡票

会 社 名		人事担当者	
ふりがな			
氏　名			
生年月日	昭和 平成　　　　年　　　月　　　日生	男 ・ 女	
住　所	〒 　　　　　　　　　　　　　　　☎　　　（　　　）		
加 入 日 〔入社日〕	平成　年　月　日	社保加入 ・ 雇保加入 ・ 加入しない	
総支給額等	月給 ・ 日給 ・ 時給　※月見込額	円／1ヶ月	
振込先	銀行　　　　　　支店・普通・口座番号		

ふりがな 氏　名	生年月日	続　柄 例・長男	職　業 収入（年金額）	住　所（別居時）
	／　　／			

	年収103万円以上の家族を 扶養に入れる場合	課税証明書〔原本〕　または　年金証書〔写し〕 または　給与明細書過去3か月分〔写し〕　等	
雇入れ経路	ハローワーク・その他応募（チラシなど）・出戻り・他（　　　　　　　）		
※TMC処理欄	被保番号	社保等級	連絡票発行
備　考			

- RPA では、指定フォーマットの指定位置（座標）にあるデータ内容を基幹ソフトにコピー＆ペーストするなどの動作をするようシナリオで決めているため、フォーマットが異なると、想定していないデータをコピー＆ペーストしてしまったり、動作がエラーとなったりする
- AI 付き OCR もあらかじめ選択された枠内での読取りしかできないため、記入欄の位置が変わってしまうと、枠外に書かれたものとして読取りができなくなってしまうため、フォーマットが統一されていることが絶対的に必要な条件となる
- 例えば、郵便番号と住所の記入欄が一つになっていると、顧問先が記載するときに読取枠の外に郵便番号が記載されたりする可能性があるため、項目ごとに欄を分けるなどして入力枠も読みやすく入力しやすいように工夫する必要がある

こうした変更を各業務について行いましたので、以下に紹介します。

① 得喪業務
入社連絡票を RPA に適したフォーマットにする必要があったため、顧問先で独自の様式や手書きの様式を使用していたところには、指定フォーマットの入社連絡票へと切り替えてもらいました。

② 給与計算
勤怠表を RPA に適したフォーマットにする必要があったため、顧問先で独自の Excel 様式や手書きの様式を使用していたところには、指定フォーマットの勤怠表へと切り替えてもらいました。

所　属			
社員コード			
社　員			
総出勤日数	12100	20	21
基本日数	10100	21	21
有給日数	10400	1	*
有給休暇時間	12700	5	2
欠勤日数	10600	*	*
遅早時間	11800	*	*
就労時間	10700	168	168
普通残業	10800	*	8
深夜残業	10900	*	*
休日勤務時間	11000	*	*

　加えて、賃金台帳・給与明細書等のメール納品を推進しました。従来は、紙の賃金台帳や給与明細書等を持参したり郵送したりして納品していましたが、これをメール納品に切り替えることで効率化を図り、高い効果をあげています。メール納品に切り替えることは、顧客側にも次のようなメリットがあります。

・紙面では必要だった保管場所が不要に

・複数の事業所の社員に封入して郵送するなどの方法で渡していた給与明細書が、電子化により保管や検索が容易になるだけでなく、社員がスマートフォンで閲覧するシステムに変更することで、郵送等の手間もなくなる

　なお、給与計算業務を受託していると、顧問先からタイムカードの集計（労働時間管理）を依頼されることもあるかと思いますが、当法人ではお断りしています。勤怠管理は、始業・終業、休憩時間、休日、時間外労働などの実態を把握している使用者でなければ対応できませんし、労働時間管理は法令上使用者が行うこととされているからです。

③ 労働保険年度更新

従来、紙の書類で回収していた賃金台帳や建設業の元請工事高について、電子データでの回収に切り替えるためにフォーマットを統一し、データをメールで送信してもらったり紙の書類をAI付きOCRで読み取ってデータ化したりすることで、RPAで処理することができるようにしました。

人が作業していた時には、各帳票の作成や完成した帳票のPDFデータにパスワードを設定してメールで送信する作業等を1つひとつ行っていましたが、RPAの活用によりこれらの作業をロボットがすべて行ってくれることになり、集計業務の合理化を図ることができました。

④ 算定・月変

従来、紙の書類で回収していた賃金台帳について、電子データでの回収に切り替えるためにフォーマットを統一し、データをメールで送信してもらったり紙の書類をAI付きOCRで読み取ってデータ化したりすることで、RPAで処理することができるようにしました。

なお、算定業務では、月変となる可能性のある人のデータを抽出するまではロボットが行っていますが、月変すべきかどうかの判断は人間が行っています。これは、月変の「標準報酬月額に2等級以上の差」「固定給の変動」「3カ月とも賃金支払基礎日数が17日以上」という3つの要件をすべて満たすかについて、例えば2等級以上の差があったとしても、固定給に変動があったかどうかは賃金構成などを確認しなければわからないなど、人間の目による確認の余地が大きいためです。

(2) 顧問先への協力依頼

次に、変更した統一フォーマットをすべての顧問先に周知

し、その使用について協力を依頼しました。せっかく統一フォーマットを作っても、それを使ってもらえなければRPAで処理できるようにならないからです。

依頼は、最初に当法人からすべての顧問先に文書（**図表2-8**）をメールで一斉送信して行い、それだけでは周知が行き届かないため、電話等でも重ねてお願いしました。それでも旧フォーマットが使われたりデータの入力漏れにより空欄があったりした場合は、再度作成して送り直してもらうよう、依頼しました。

協力依頼においては、顧問先と直接接する者（フロント担当者）の対応が重要です。単にすべての顧問先に対して協力依頼を明確かつ丁寧に行えばよいという話ではなく、実際に使ってもらえるようになるまで繰り返し根気よく対応する必要があるためです。旧フォーマットが使われた場合は新フォーマットでの作成を依頼するなど、顧問先が煩わしく思うようなことも、依頼しなくてはなりません。言いづらいケースもあるかもしれませんが、妥協は社内ルール崩壊の始まりと認識し、何度も繰り返し協力要請することが重要です。

また、顧問先にとっても新様式を使ったほうが便利である、と説明できることが重要です。RPA化に適しない様式を使用していると、不足事項等の連絡が多くなり、顧問先の手を煩わせる場面が多くなりますので、そのような背景も理解してもらうことが有益です。

No	区　分	結　果
1	不備に対し、社労士が補正対応	・効率化できない ・顧問先によって対応が異なると管理できない
2	不備に対し、顧問先に修正依頼	・効率化が進む ・統一された手順になり、管理が容易

ただし、重大かつ緊急の案件については、アナログで対応することもあります。考えの固い社員はこの判断に失敗し、「所定の様式でないと対応できない」と事務的な対応をする可能性がありますので注意が必要です。顧客の温度感を感じ取りながらコミュニケーションをとれないと、クレームなどにつながります。RPA が軌道に乗るまでの最初の段階は、このような点が重要となります。

　自社ソフトから賃金データを取り出す方法がわからない、などの質問を受けることもあります。その場合は、個別にレクチャーすることでデータのやり取りへと切り替えます。

　フロントは、こうした質問対応もできなければなりませんので、当法人では依頼と新フォーマットへの移行を確実に進められるよう、依頼にあたってはフロント担当者に必要な研修も実施し、依頼の進捗状況について数値管理もしました。

　顧客とのコミュニケーションをとれば解決する問題は多いと思います。Excel データ等で回収できれば、マクロを使った効率的な処理も含め、様々な合理化ができ可能性が広がります。

年　　　月　　　日

顧問先の皆様へ

栃木県那須塩原市大原間西 1-10-6
社会保険労務士法人 TMC

入社連絡票の改訂について

　貴社ますますご盛栄のこととお慶び申し上げます。平素は格別のご高配を賜り、厚く御礼申し上げます。

　さて、TMC では、的確な事務処理を行うため、かねてから使用している「入社連絡票」について、Excel 化・パソコンによる OCR 読取化を推進してまいります。つきましては、読取処理の精度向上のため、「入社連絡票」のフォーマットを改訂させていただきたく、ご協力をお願いいたします。

※注1　原則として Excel データをメール送信していただく方法に変更します（引き続き、手書き・FAX によるご連絡も可能です）。

※注2　記入内容に変更はありませんが、事例を参考に正確に記入してください。

※注3　レイアウトの変更や空欄があるとエラーの原因となり、事務処理ができなくなります。

※注4　処理完了後の控えの送信についても、ロボットによる自動送信に切り替えます（送信元のアドレスが従来とは異なるものに変更されます。このアドレスは送信専用のメールアドレスとなるため、メールでのご連絡は従来どおりのアドレスまで送信をお願いします）

※注5　ご不明な点につきましては、弊社＿＿＿＿＿＿までご連絡ください。

　以上、御協力をお願いいたします。

(3) メール文面のフォーマット化

　RPA 導入前は、顧問先にメールを送信する際の文面を担当者ごとに異なるフォーマットで作成していましたが、全社で統一しました（**図表 2−9**）。送付先の会社名や送付物も自動で入力されるようシナリオが作成されており、定型文になっているため、その都度入力する必要がありません。

　帳票の作成が終わると、それらが格納されたフォルダが添付されたメールが作成されます（パスワードの設定もされています）。人が出勤して PC を立ち上げると、メールの下書きが完成した状態で下書きトレイに置かれていますので、内容が正しいことを確認して送信します。

◆← 図表 2−9　RPA が作成した連絡表送付メール（文面の統一化）→◆

有限会社　○○○
ご担当者　様

給与の計算準備時期になりました。
今月分の連絡表を送付しますので給与締日後 3 日以内にご連絡ください。
ご不明な点につきましては、下記メールアドレスへご連絡ください。
よろしくお願いします。

【送付物】
有限会社　○○○様の 2021 年 2 月分連絡表 .xls
※このメールはシステムにより自動作成されています。

ちなみに、RPA導入前に各担当者が作成していたメールは**図表2-10**のような文面で、データの名称もまちまちであったりその都度メール本文を入力して送信する人もいたりしました。

図表2-10　RPA導入前に各担当が作成していた連絡表送付メール

Aさんが作成した連絡表送付メール

> 有限会社　○○○○
> 　　　　　○○○○　様
>
> いつもお世話になっております。
> 勤怠項目集計表をお送りいたします。
> 確認の程、よろしくお願いいたします。
> ────────────────────────
> ○○○○ 10月分連絡表 .xls (application/vnd.ms-excel)

Bさんが作成した連絡表送付メール

> 有限会社　○○○○
> ご担当　○○○○　様
>
> いつも大変お世話になっております。
> 11月分の給与連絡表をお送りしますので入力のうえ、返信をお願いいたします。
> ────────────────────────
> 給与連絡表○○○ 11月分 .xls (application/vnd.ms-excel)

Ⅱ RPA 化を進めるうえでの 障害の乗り越え方

1 仕事のやり方を変えることに抵抗がある社員への対応

　まず、何よりも重要なのは、トップによる意識改革です。一方で、トップが導入を表明するだけで進めることは難しいため、現場任せにせず管理職にリーダーシップを発揮してもらうことが必要です。当法人では、管理職が現場に下りず、現場を把握できていない状況が見えましたので、トップ自らが現場に下りて改善活動をリードしました。コロナ時代だからこそ、仕事の改革が進んだ面もあります。

　RPA 化を進めるうえで、固定観念に捉われることは大きな障害となります。現状を変えられない＝変える気がない＝ RPA 導入の意義を理解できていない、ということです。そのため、経営層は、社員の意識改革をすること、抵抗勢力を排除することが重要な仕事になります。このとき、職員には「仕事がなくなる」のではなく、「経営方針と業務合理化」が目的であることを理解してもらい、RPA 化の意義を認めてもらうことが重要です。

　職員からは改善が進まない様々な理由を挙げられたりもします。例えば、顧客がメールを使っていないのでメールでの連絡に切り替えられない、顧客に新様式を説明しても使ってくれない、などです。顧客からも、使用しているソフトとの互換性の問題で新しい方法に対応できないといわれるなど、様々な事情

で円滑に進まないことはあります。このような障害に対し、現場のリーダーが1つひとつ解決して、前に進んでいくことが重要です。

　意識改革に加えて、実際に改善が進んでいるか進捗を確認することも必要になります。例えば、顧問先のメールアドレスの回収などは何カ月もかけて行いました。その間、毎週回収状況や新しいやり方での処理に変更されているかを数値化してミーティングなどの場で進捗を確認し、詰めていきました。

　こうした取組みを行っても、抵抗感が抜けない職員については、戦力外にするのではなくRPA化未対応業務の処理に特化して担当してもらうこととしました。デジタル化できないイレギュラーな顧問先も残るので、アナログ対応としての役割を果たしてもらうことで解決したのです。

❷ 属人的な業務をなくす

　RPA化を進めるには、業務手順・様式が統一されていることが前提となります。そのため、次のような社内文化があると大きな障害となります。
・契約外のサービスを慣習として行っている
・我流の仕事（個人プレー）を行っている
・担当者が自分にしかわからない業務を抱えている
・メールでの対応をせず、「書類を取りに来てほしい」との要望に応えている
・顧客に対し標準様式を説明できないため、ロボット処理ができない（人間が判断して手入力せざるを得ない）
・自分の仕事がなくなるという危機感から、RPA化に協力しない
　属人的な仕事のやり方が多く残っていると、その職員が退職

したときに対応ができなくなってしまうとか、退職した職員が顧客を持って行ってしまうなどのリスクがあります。トップが改善活動の進捗確認をして、前に進んでいない者がいれば指導することで社内全体の改善活動が推進されていきます。

3 ITに疎い顧問先の対応

RPA化を進めるためには、顧問先の協力が不可欠です。前述のとおり、1社1社、協力を依頼しましたが、意外にも悪い反応をする顧客はごく一部でした。顧問先でも電子化が浸透してきており、「手書き・紙の書類」から「入力・メール送信」への移行に抵抗感はあまりないようでした。

それでも、一定数は電子化が困難な顧問先もあります。特に、事務員のいない零細企業で、経営者が高齢の場合などです。そのような顧問先は従来どおり紙の書類での回収となりますが、ここで力を発揮するのがAI付きOCRです。情報を一瞬でデータ化できますので、十分にRPA化された手順に乗せることができ、古くから付き合いのある大切な顧問先との関係を継続することができます。

また、コロナ禍においては訪問・来社の接触型打合せを控えるべき風潮もあり、対面ではなく電話・メール等によるアドバイスが重要となります。IT化だけを進めようとすると満足度が低下し、他の社労士に委託替えされることが懸念されますので、コロナ対策の各種助成金の情報提供など、適時適切に連絡をとることが重要です。外出時間を減らせば移動時間が大幅に減少しますので、電話に費やす時間を十分に確保できます。

No	企業規模	IT 化への取組み	効果・課題
1	大手企業	積極的	・IT 化による効率化の効果は非常に高い ・不具合があるとロスが大きい ・他のシステム会社から営業され、複数のソフトを比較しているケースも多い ・既存のソフトとの相性も影響することがある
2	中規模企業	企業間格差あり	・効果が期待できる ・IT に強い事務員がいるかどうかで導入スピードが左右される ・システム会社の丁寧なサポート体制が重要となることが多い
3	零細企業	消極的	・事務処理が稀であると、効率化の効果は限定的になる ・操作がわからないなどの事態に陥りがち ・大手システム会社のターゲットにならない会社は、丁寧に支援してくれる社労士が頼りにされる傾向がある

図表 2-11　企業規模別の IT 対応

図表 2-12　AI 付き OCR の活用効果

AI 付き OCR なし	AI 付き OCR あり
・メールが使えない顧客は、継続的な交渉 　　　または ・従来どおりの非効率な方法で対応	・紙面をデータ化することで、RPA での自動処理が可能

Ⅲ 基幹ソフトの特徴、問題点を踏まえてシナリオを作成する

1 RemoteApp 接続特有の問題への対応

（1）システムの特性

　当法人の基幹ソフト（社労夢）は、RemoteApp という接続で動作しており、ネットワーク環境に多大な影響を受けます。ソフトの動作時間も、かなり左右されます。

　なぜこのような影響を受けるかというと、同じシステムでもインストール型のシステムと RemoteApp とでは、仕組みが大きく異なるからです。

　インストール型のシステムの場合は、インストールされているパソコン 1 台で処理する分のスペックがあれば通常どおり動作し、社内サーバでクライアントと共有している場合も、その台数分を処理できるスペックがあれば通常どおり動作します。しかし、RemoteApp 接続の場合、多数のユーザーがアクセスする仕組みのため、そのソフトを使用しているユーザーのうち何人がアクセスし、どのような処理をしているかによって、ソフト会社のサーバにかかる負荷が変わります。

　例えば、繁忙期は全国で数多くのユーザーが利用するため、サーバに負荷がかかります。繁忙期の対応が可能なだけのサーバが準備されているとは考えますが、想定以上にアクセスが集中すると処理が追いつかず、通常以上に時間がかかることにな

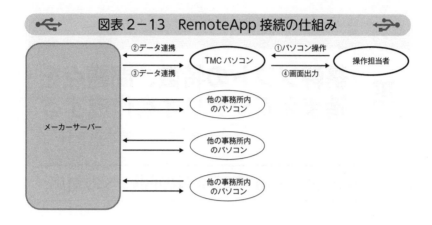

図表 2−13　RemoteApp 接続の仕組み

り ます。 そうすると、 想定待機時間中に次の動作に進むための必要な画面が表示されなくなったりしますが、RemoteApp ではなく自社のパソコンにインストールされている RPA の処理だけはどんどん先に進んでしまい、エラーとなってしまうのです。

(2) システムの特性を踏まえた対処法

　シナリオ開発においては、これらのエラーを回避するため、動作を確認しながら 1 つひとつ確実に処理が実行できるように開発をしていきます。具体的には、動作をプログラムするだけでなく、タイミングをとったり RPA の動作スピードの調整を行ったりします。

　「タイミング」とは、シナリオを動作させるときに、次のノード（工程）に移る前に数十秒待たせる処理を間に入れたり、特定の画像が表示されるまでシナリオの動作を止めたり、ソフトの処理が可能になるまで処理を止めたりする等の想定待機時間を入れることをいいます。上記のように、RPA の動作が速すぎて次の画面に切り替わる前にクリックの動作をしてエ

ラーになってしまう場合は、10 秒待って再度クリック動作を
するよう設定します。実際には、画面の切り替わりが 10 秒よ
りも遅いこともあり得るので、「10 秒後に再度同じ動作」を
何度も繰り返すシナリオにすることで対応しています。

2 システムにより異なる方法でのシナリオ作成

(1) シナリオ作成には 1,000 以上の工程のフロー化が必要になることも

　RPA は、業務に合ったシナリオを作成することで動作しま
す。シナリオとは、人間が行ってきたパソコン作業を再現した
流れのことを指し、1 つひとつの工程を丁寧にシナリオ化しな
ければならず、1 工程でも不備があるとそこから先に進まなく
なってしまいます。

　例えば、入社連絡票の氏名を基幹ソフトの従業員マスタに転
記する場合、次のような作業をロボットに記憶させます（ここ
では要点だけ記載しており、実際にはより細かい作業がありま
す）。

---

① 基幹ソフトの事業所マスタをクリック
　（入社連絡票の事業所コードをコピー・貼付することで実施）
⬇
② 従業員マスタの新規作成をクリック
⬇
③ 入社連絡票の氏名欄をコピー
⬇
④ 従業員マスタの氏名欄をクリック
⬇
⑤ 入社連絡票の氏名欄のデータを貼付

当法人では、2つのシステムを使ってシナリオ作成を行っています。

　WinActor（当法人が採用したRPAシステム）には操作を記録できる機能があり、これを使って「アイコンをクリック→ファイル選択→開く→範囲選択→コピー」などパソコン上で複数の操作を行うと、それが自動的にシナリオになります。

　一方、基幹ソフトの社労夢にはこれらの機能がありませんので、社労夢操作に関するシナリオ作成は、まさに1つひとつ手作業で行っています。例えば、マウスカーソルを動かす、クリックする、入力する文字列を準備する、文字を入力する、Enterキーを押すなど、人が操作する手順を1つひとつ組み合わせて作成していきます。1つのシナリオを作成するのに約1,000から1,500ステップを手動で作成しています。

　氏名の転記だけで上記のような工程をロボットに記憶させることが必要で、この他に住所、生年月日、性別、電話番号、給与月額、扶養家族、入社日、加入保険などの入力作業も、1つひとつ設定します。すべてを設定することで、初めて従業員マスタの登録作業が自動化されるわけです。得喪業務のRPA化には、さらに、電子申請、更新、ダウンロード、メールの文章作成、添付ファイルのパスワード設定なども必要となります。

　上記のとおり、シナリオ作成においては、すべての工程を1つも省略せずに再現する必要がありますので、1つの業務をロボット化するだけでも相当な工程があります。

　そのため、シナリオの組立てにあたっては、一部分ずつ確実に固めていき、それをつなぎ合わせることの繰返しにより完成させます。不具合が発生したときは、エラーの起きた箇所をチェックし、シナリオを修正しながら少しずつ固めていきます。

（2）外部要因によるエラーへの対応も必要

　ある時、毎晩エラーで止まってしまうトラブルが発生して、原因の究明とその対応が必要になりました。しかし、すぐには原因を把握できず、パソコンの前に三脚を立ててビデオ撮影をし、その録画映像を確認したり、画面キャプチャソフト（一定間隔でパソコン画面を画像として保存するソフト）を駆使したりして原因を探りました。

　すると、システムサーバが動作安定とバックアップのために毎朝４時頃に再起動していることが判明したのです。システム会社に確認した結果、サーバの再起動によりシナリオがエラーで止まってしまっていたことが明らかになりました。サーバが再起動すると、その時動かしているソフトも強制的に停止させられてしまうため、シナリオが次の動作（画面表示等）を認識することができず、停止していたのです。

　サーバの再起動は当法人では対処しようがないため、一旦停止した場合、サーバが再起動した後に、停止前の続きから動作を実行できるようにシナリオの仕組みを変更しました。

　こうした動作タイミング以外でも、シナリオ開発段階においては様々なエラーの修正が必要となります（**図表２-14、2-15、2-16**参照）。当法人では様々なエラー対応や改善を経験してきており、今後も修正を継続していきます。

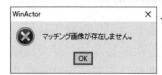

・シナリオにおいて指定した画像を、画面から検索し操作する機能において、指定した画像が見つからないときに表示されるメッセージ
・選択されている画面の間違いや、画面に指定した画像が表示されない操作など原因を確認し、シナリオの見直しを行う

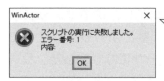

・設定したシナリオが出した数字や文字の値が間違っているときに表示されるメッセージ
・1つひとつ設定を確認し、間違う原因となった場所を特定し修正する

・エラー原因を特定するために行うエラー情報出力のテストで表示されるメッセージ
・エラー名やノードID、エラーメッセージからエラー内容を分析する
・停止した場所かそれ以前の設定に間違いがあるので、内容や場所を特定しシナリオをあえて停止させることで原因を突き止める

マウスカーソルのクリック位置が
少しずれている

きちんと押下されるように微調整

マウスカーソルが
アップロードボタン
のところで操作され
るよう、赤枠を基準
とした青十字のク
リック位置を移動さ
せ位置を修正

Ver	00_得意マクロファイル.xlsm		01_入退連絡単読取.ums6	
1.0	2019/12/5 10:02	初回納品	2019/12/4 17:25	初回納品
1.1	2020/1/7 11:48	障害対応　ファイル名大文字変換	2020/1/10 15:35	Chrome表示待機追加
1.2	2020/4/29 16:54	XML→PDF　マクロ追加	2020/1/20 20:06	シナリオ情報更新
1.3	2020/5/15 11:38	IEのtaskkill追加	2020/2/5 17:37	EXCELのみ対応 設定ファイルにより Chorome起動なし
1.4	2020/5/19 21:30	taskkill 前にsleep	2020/12/25 10:48	設定ファイルでシナリオ有効時限を指定
1.7	2020/7/9 19:22	社保公文書　連記式対応		
1.8	2020/10/13 13:54	0kbのpdf作成を抑止		
1.9	2020/10/27 11:55	IEオブジェクト作成エラー対応		
2.0	2020/10/29 14:29	IEオブジェクト作成エラー対応		

3 シナリオ開発の注意点

　最短でシナリオ開発を行うには、最適にシナリオを作ること
が必要です。結果は同じでも、遠回りしてゴールにたどり着く
か最短でゴールにたどり着くか、これは業務内容をきちんと理
解していないとその操作が必要か不要かの判断もできないた
め、業務内容を理解していることが求められます。また、同じ
操作をするのでも画像マッチングによるシナリオ作成もあれ
ば、キーボード（ショートカットキー）による作成もあります
ので、作業内容に応じて使い分けることが必要です。社労士業
務で求められるシナリオ開発には、行政と顧問先との関係を十
分にわかっていることと、何をどうシステム化すればよいかと
いう、2つのことが求められます。

　システムの修正を行う場合も、文書管理と同様、現場から出
された意見に対し担当者個人の考えで簡単に行ってはならない
ものです。対応すべき案件かどうか、またどのような修正を施
すべきかを、然るべき責任者が協議してから行うべきものと考
えます。

4 不具合への対応

　RPAは、「記憶させた作業を卒なくこなすこと」はできますが、「柔軟に判断すること」はできません。例えば、西暦で入力すべきところに和暦で入力されるとそこで止まってしまいます。対処法としては、顧客に西暦での入力を徹底してもらうか、和暦であることを認識して西暦に変換するようシナリオを組み立てることになります。このように、人間であれば簡単に対応できることが、ロボットにはできないというケースも多々あるのです。その前提に立って業務手順と様式を固め、顧問先に協力を依頼し、RPA化を進める必要があるのです。

　ところが、テストを繰り返し、万全と思っていても想定外のエラーが起きることもあります。不具合への対応が遅れると社内全体の業務が止まってしまうので、その都度、原因を究明して修正措置をすることになりますが、RPA担当者は最優先で対応しなければなりません。

　ですから、コールセンター（電話相談）に任せていることが多いシステム会社よりも自社職員のほうが柔軟な対応ができると思います。当法人の場合は、当法人で使用しているシステムと同じものを支援先の事務所へ供給しており、同期性があります。そのため、当法人が不具合を発見し、改良した場合には同時に支援先のRPAにも反映されますので、合理的です。

図表 2−17　人間とロボットの違い

区　分	人　間	ロボット
機械的入力	・業務量が多いと疲弊する ・ときどきミスする（入力ミス、入力漏れ、漢字の変換ミス等）	・膨大な量でも問題なく処理する ・ミスなし
判断・補正	・不備を補正しながら処理 ・イレギュラーな対応も可能（記入漏れを埋める、誤記に気づいて修正する、定型的でない業務に対応するなど） ・おかしい部分があれば気づく（明らかな誤記等） ・職員に欠員が出ても同等の能力のある職員が対応できる	・不備があると止まる ・イレギュラーな対応は不能 ・RPA の設定に誤りがあった場合、誤った処理をし続ける ・ロボットに不具合があった場合、システムに詳しい職員がいないと対応できない
稼働時間等	・労働基準法を守りながら勤務する必要がある（労働時間、休憩、休日、休暇等） ・病欠などがある ・退職することがある ・好不調の波がある	・労働基準法が適用されない（24 時間 365 日稼働可能） ・病欠がない ・退職しない ・波がなく安定して稼働する

Ⅳ　経営層がすべきこと

　当法人の RPA 化においては、当初のトップダウン、またボトムアップでも難しいと考え、ボトム水平展開への切替えを選択しました。トップが現場に下りてリーダーシップをとり、現場主義で改革を進めたのです。その際、できない理由は聞かない、経験の多いリーダー格の意見は排除する、というスタンスで対応しました。

　大胆な業務改革となりますので、担当者任せにせず、経営層自らが進捗確認をしながら、リーダーシップを発揮することが重要です。担当者から他の職員に情報を下ろし、職員の声を担当者に上げる支援を繰り返し実施していくことが、成功の鍵となります。

　朝礼や会議で何度も RPA 化の重要性と効果を説明・周知し、RPA 担当者の頑張りを評価し、社内全体を RPA 化に向かわせるよう心掛けました。

　ペーパーレス化、グループウェアの活用、RPA 化など、システムを活用した社内の合理化には様々なものがあります。そのすべてに精通することは難しいですが、職員からの報告に基づき方向性を明確化することはできます。このような合理化を進めるためには、システムへの専門性はなくても、「トップの目利き」が重要です。当法人における取組みから、RPA 導入において、経営層は次のような役割を担うべきと考えます。

●**体制づくり**
- 担当者が動きやすくなるよう、組織内全体の意識改革などのサポートに注力する（会議などで繰り返しRPA化の重要性とメリットを全体周知）
- 周囲の理解促進（意識改革）により、RPA担当者が動きやすい職場環境にする
- 改善通路（バイパス）を整備し、不具合の対応、社内の要望対応などを円滑に行えるようにする（現場担当者→RPA開発担当者→トップの連絡経路を整備し、改善要望・不備事項に対し、素早く判断・対応する体制とする）
- RPA化により品質の向上・維持を果たす
- RPAの仕事を信じて、仕事の二重チェックの文化をなくす
- フロント（最前線で顧客対応をする者）に権限を与え、強化を図る

●**方針決定**
- メールの普及により、無駄な移動費、通信費を抑制する（遠方への移動も含めると、ガソリン代や高速代が数十万円にも達していた。郵便代・FAX通信費も相当なコストになっていたが、メール送信にすることで通信費用がゼロに）
- 本業（コンサルティング）に向かう
- 受注拡大、利益追求の強い信念を持つ
- 挑戦する意気込みを持つ
- 信頼できる右腕を持つ

V　運用開始後の チェックすべきポイント

1　運用開始時の職員向け＆顧問先向け説明事項・説明資料

　シナリオ開発が終わり、運用開始段階に入ったら、職員向けと顧問先用に説明資料を作成し、説明を行います。当法人では、RPA の導入を検討されている社労士のための説明資料（図表2-19）も併せて整備しています。

　もちろん、これらは自社で RPA を開発している場合に必要となるので、既に構築された RPA を導入する場合、基本的な操作手順書さえあればよいでしょう。既製品を活用して迅速にメリットを得るか時間をかけて自社開発をするかは、トップの判断となります。

2　運用開始後のシナリオの見直し

　RPA は、「画面のこの部分をクリックする」などと1つひとつ作業を細かく設定していくため、法改正により処理方法が変わった場合や基幹ソフトのバージョンアップなどがあると、シナリオを見直す必要があります。

　そのため、シナリオの開発においては、後から見直しやすいよう、先を見越してできるだけシンプルに、わかりやすく設定することが重要となります。

　また、不具合が発生したときの報告経路を明確化しておくこ

RPA導入マニュアル　社労夢　従業員台帳登録処理（入退変更）

> # RPA導入マニュアル
> ## SRパック-従業員台帳登録処理

作成日	2019年12月2日
最終更新日	2020年3月1日

TMC
Total Management Center

システム概要

社労夢入退変更登録処理では、RPA と AI-OCR を組み合わせて社労夢登録を行います。
処理内容は次のとおり行われます。

▌システムフロー

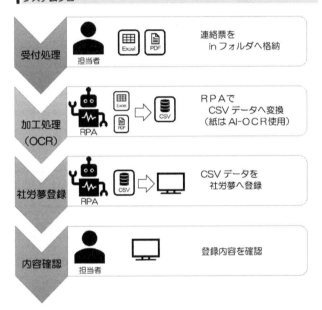

受付処理
担当者　Excel　PDF
連絡票を
in フォルダへ格納

加工処理（OCR）
RPA　Excel　PDF　⇒　CSV
ＲＰＡで
CSV データへ変換
（紙は AI-OCR使用）

社労夢登録
RPA　CSV　⇒　💻
CSV データを
社労夢へ登録

内容確認
担当者　💻
登録内容を確認

TMC
Total Management Center

運用開始後の チェックすべきポイント　87

RPA導入マニュアル　社労夢 従業員台帳登録処理（入退変更）

▍データフロー

各データは次のとおり処理されます。実施担当が「担当者」の処理は、実施担当者が操作します。

	実施担当	in	out	tmp1	tmp3
受付処理	担当者	Excel　PDF 処理データ格納		変換	
加工処理 （OCR）	RPA		移動	CSV	移動
社労夢登録	RPA				CSV 登録完了
内容確認	担当者		Excel　PDF	処理完了データ削除	CSV

- inフォルダへ格納したデータを、RPAがデータの加工や移動し、社労夢の登録を行います。
  指定の入社退社連絡票から、事業所コードと従業員コード等により対象者を特定し処理を行います。

3

退社処理（退社連絡票）

退社処理をする際、次の枠で連絡票の情報を読み取っていきます。

退社連絡票読取項目

退社連絡票読取に対する、社労夢入力箇所は次のとおり。一部入力は社労夢の自動入力機能を使用。

分類	項番	連絡票読取項目	社労夢 基本	社労夢 扶養	入力項目	注意・制限事項等
基本情報	1	事業所コード	○		事業所コード	6桁必須。事業所コードなしは処理されない
	2	社員コード	○		従業員コード	処理対象者検索で使用
	4	氏名（フリガナ）	○		フリガナ	従業員コードで対象者の検索ができない場合、フリガナ検索を行う
	5	退社日	○		退社年月日	
扶養家族	6			○	被扶養者でなくなった日	社労夢基本情報の健康保険資格喪失年月日より日付を取得

基本情報

雇用保険情報

社労夢自動入力のみ（加入区分：チェック外す、離職等年月日）

社会保険情報

社労夢自動入力のみ（加入区分：チェック外す、資格喪失年月日）

10

運用開始後の チェックすべきポイント　**89**

変更処理（変更連絡票）

変更処理をする際、次の枠内で連絡票の情報を読み取っていきます。

変更等連絡票
（各種変更・協定・月変・賞与・保険料免除・再交付・その他）

基本情報	事業所コード		会社名		入参担当者	
扶養家族情報	社員コード	フリガナ			変更日	
		氏名			令和　　　年　　月　　日	
	生年月日	□昭和 □平成　　　年　　　月　　　日 性別 □男 □女				

	フリガナ 氏　名	生年月日	続柄 続・長男	職業収入 (年収額)	住所 (個人番号)
□扶養追加 続柄と可職業が 本人のコード氏名等で 確認してください。		□昭和 □平成　／　／ □令和			
		□昭和 □平成　／　／ □令和			
□扶養削除		□昭和 □平成　／　／ □令和			

変更連絡票読取項目

変更連絡票読取項目に対する、社労夢入力箇所は次のとおり。一部入力は社労夢の自動入力機能を使用。

分類	項番	連絡票読取項目	社労夢			注意・制限事項等
			基本	扶養	入力項目	
基本情報	1	事業所コード	○		事業所コード	6桁必須。事業所コードなしは処理されない
	2	社員コード	○		従業員コード	処理対象者検索で使用
	3	氏名（フリガナ）			フリガナ	従業員コードで対象者の検索ができない場合、フリガナ検索を行う
扶養家族	4	氏名		○	被扶養者氏名	
	5	氏名（フリガナ）		○	被扶養者フリガナ	
	6	生年月日		○	生年月日	
	7	続柄		○	社会保険用続柄	連絡票記載の続柄から近いものを選択
	8	続柄		○	該当事由	夫・妻→1：配偶者の就職 上記以外→5：その他
	9	変更日		○	被扶養者になった日	変更日を入力
				○	被扶養者でなくなった日	変更日の次の日を入力
	10	-		○	被扶養者になった理由	8続柄で、5：その他の場合、「取得」を入力
	11	続柄		○	給与連動	読取値のまま入力

｜TMC
Total Management Center

とも必要です。当法人の場合、スピーディに情報が共有できるよう、社内メールで報告する仕組みにしています(**図表2-20**)。

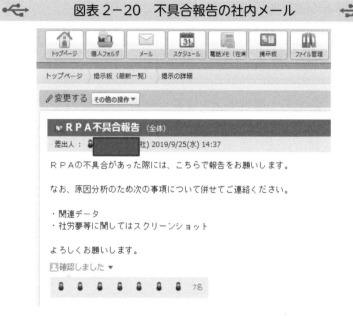

図表2-20　不具合報告の社内メール

3　導入後の業務体制の見直し

　RPA導入により、ダブルチェックに要していた時間が不要になったり配置人員数の見直しが必要になったりします。そこで、マンパワーを他の業務に振り分け、顧客サービス・収益性の向上につなげる動きをとることが重要です。

　当法人では、新入職員に対する教育内容も見直しています。従来は、現場の業務を覚えてからRPA担当へというキャリアパスで考えていましたが、今後はRPAの仕組みを覚えさせてから現場に配置する流れもよいと思っています。RPAの仕組

みを知ることで、自動化しやすい合理的な業務手順を考える視点が生まれると思うからです。

　以上のように、作業手順の統一化と RPA 効果の促進を図り、職場の習慣病の排除をしていくことが重要です。

4　RPA 導入と助成金活用

　国は、企業の生産性向上を重要課題と位置づけて、様々な助成金・補助金を整備しています。RPA 導入費用についても対象となるものがありますので、それを活用することで導入コストの低減を図ることができます。

　一例を挙げると、働き方改革推進支援助成金があります。勤務間インターバル導入コースは 100 万円を上限として、費用の 4 分の 3 を助成するものですが、この助成金を活用して RPA を導入した社労士事務所もあります。

≪助成金活用事例≫
・RPA 導入費用　700,000 円
　→　某市の新しい生活様式対応支援補助金で 90％助成
　　（700,000 円× 90％＝ 630,000 円助成）
・RPA 導入費用　700,000 円
　→　働き方改革推進支援助成金（勤務間インターバル導入
　　コース）で 3/4 助成
　　（700,000 円× 3/4 ＝ 525,000 円助成）

第3章

社労士業務への
RPA 活用の実際

I 得喪業務への RPA 導入と効果

1 RPA 化した業務

　得喪業務（雇用保険・社会保険の資格取得・喪失・変更処理）については、次のような作業を自動化しました。その結果、**図表 3−1** のような業務にかかる時間の短縮効果が出ています。

① 　従業員マスタ登録
② 　マイナンバー登録
③ 　社会保険資格取得（喪失）証明書の発行
④ 　社会保険料一覧表の作成
⑤ 　公文書の更新
⑥ 　公文書のダウンロード
⑦ 　顧問先へのメール作成（添付ファイルにパスワード設定）

他

2 RPA 導入後の得喪業務の流れ

(1) メールで入社連絡票を受付

　入社連絡票とは、顧問先に従業員が入社した際、社労士事務所（当法人）に連絡をするための様式です（**図表 3−3**)。RPA による自動化の前は、入社連絡票で受領した個人情報（氏

図表 3-1　時間配分の変化（得喪業務）

RPA 導入前	RPA 導入後
・次の作業にかなりの時間を要していた 　・マスタ入力 　・電子申請 　・公文書の更新 　・公文書ダウンロード 　・顧問先へのメール作成 　（添付ファイルへのパスワード設定） ・午前中は更新・ダウンロードだけで終わっていた	・左の業務が自動化され、受付とロボットが作成した内容の確認に専念できるようになった ・午前中から他の仕事に時間を充てられるようになった

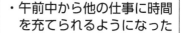

名、生年月日、住所、性別、入社日、給与月額、雇用保険・社会保険加入有無、扶養家族等）を職員が手入力していました。大手企業は相当な人数が同時期に入社することもあり、大変な作業になっていました。その作業について次のように自動化しました。

① 　入社等連絡の受付方法は、メールの添付ファイル（データ形式は Excel）とそれ以外（紙や FAX）による

② 　職員が顧問先から電子データで受領した入社連絡票を所定場所に保存する（FAX で受領した場合は、AI 付き OCR で読み取り、電子化）。

③ 　所定場所にあるデータをロボットが検知し、基幹ソフトに登録する

④ 　すべての職員・顧問先が統一フォーマットを使用する

図表 3−2　得喪業務の RPA 化イメージ

受付	・入社連絡票（所定フォーマット）をメールで受領し、データを取り込む（メールがない会社は、FAX で受領し、AI 付き OCR で読み込んでデータ化）

 マスタ登録
・入社した労働者の氏名、住所、生年月日、入社日、給与月額（標準報酬月額）、扶養家族などの情報をロボットが自動入力

資格取得証明書の発行
・社会保険の資格取得証明書をロボットが自動でデータ作成

社会保険料一覧表の作成
・社会保険料一覧表をロボットが自動でデータ作成

メールの作成
・ロボットが顧問先に送信するメールを自動で作成

ロボット化

顧問先への送信	・ロボットが作成したメールの内容を確認して、資格取得証明書、社会保険料一覧表を送信

 電子申請の準備
（雇用保険・健康保険・厚生年金保険の資格取得届）
・電子申請できる状態にロボットが自動でデータ作成

ロボット化

電子申請	・人間がデータの内容を確認し、電子申請

 公文書の更新ダウンロード
・夜間にロボットが公文書の更新、ダウンロード

顧問先へのメール作成
・顧問先へのメールを、定型文をもとにロボットが自動で作成（添付ファイルへのパスワード設定を含む）

ロボット化

メールの作成	・人間がデータの内容を確認し、顧問先へメール送信

入社（加入）連絡票

事業所コード	会社名		人事担当者
123456	サンプル株式会社		岡部

社員コード	フリガナ	サンプル		タロウ		入社日					
123456	氏名	三府流		太郎		令和	1	年	5	月	1	日

生年月日	☑昭和　□平成	51	年	11	月	8	日	性別	☑男　□女

郵便番号	325-0064	電話番号	0287	−	67	−	3023

住所	フリガナ		トチギケンナスシオバラシオオハラマニシ1-10-6
都道府県からご記入ください		栃木県那須塩原市大原間西1-10-6	
	フリガナ	（建物名等）	

雇用保険	加入区分	□加入なし　☑加入あり：令和　1　年　5　月　1　日　〜
	雇用保険番号	1234　−　123456　−　1
	前職事業所名・離職保険番号不明時	雇用保険加入歴ない場合は「なし」と記入

社会保険	加入区分	□加入なし：　☑加入あり　令和　1　年　5　月　1　日　〜
	基礎年金番号	1234　−　123456

総支給額等	☑月給　□日給　□時給	【月見込額】	250,000	円/1ヶ月

契約期間	週所定労働（ 40 ）時間　期間の定め□なし　☑あり（ 1 / 5 / 1 〜 2 / 4 / 30 ）

	本人または住民票で確認してください。	□昭和 □平成 □令和

必要資料	（全員必要）本人と扶養家族のマイナンバー確認書類（個人番号カード、又は通知カード写し等） （年収103万円以上の扶養家族）給与明細3ヶ月分または課税証明書原本、年金証書など

備考		弊社債番号	
		弊社保等級	

受付日	社労務入力	説明書発行	書類作成	決裁	役所提出・電子申請			事業主報告	助成金該当有無	預かり品の有無
					雇労	社保	基金・組合		有・無	有・無

社会保険労務士法人TMC　　TEL 0287-67-3023　　FAX 0287-67-3024

2019.04.01

（2）従業員マスタ登録

　入社連絡票に入力された情報を基幹ソフトの従業員マスタに登録していきます。この作業も次のように自動化しました。

①　ロボットが基幹ソフトを立ち上げ、メニューより「従業員台帳」を選択する

②　ロボットが連絡票から処理する事業所を読み取り、登録されている事業所一覧から該当の事業所を抽出する（事業所

図表 3-4　基幹ソフトの従業員マスタ画面

コード)

③　ロボットが決められた箇所に入社連絡票の情報を登録する

　なお、マイナンバー登録は、社労夢（基幹システム）とは別
に「MYNABOX（マイナボックス）」というシステムで管理し
ています。別にシナリオを作成（部分開発）し、**図表 3-2** で
いうと「マスタ登録」と「資格取得証明書の発行」の間に処理
されるようにしています。

　自動化する前は、受領したマイナンバー届出書に記載された
マイナンバーを職員が基幹ソフトに手入力していました。1 つ
でも数字を誤入力すると処理に支障が出るため、1 件 1 件慎
重な入力が必要で、時間がかかっていましたが、次のように自
動化することができました。

①　職員が顧問先から電子データで受領したマイナンバー届出
　書を格納し、CSV データに変換する（見た目でマイナンバー

とわからないよう暗号化)

② ロボットが所定場所に格納された CSV データを検知し、その内容を MYNABOX へ登録する

③ ロボットが預り証（マイナンバーを預かったことを顧問先にお知らせする書類）を作成する

④ ロボットが顧問先に送信するメールを作成し、預り証を添付する（パスワードの設定も行う）

⑤ 人間がメールの内容を確認して送信する

(3) 社会保険資格取得（喪失）証明書の発行

国民健康保険の喪失手続をするための健康保険・厚生年金保険資格取得証明書の PDF データの作成も、従業員マスタの登録完了後、次のように自動で行われるようにしました。自動化する前は、職員が基幹ソフトを操作し、1 人分ずつ資格取得証明書（**図表 3−5**）の PDF データを作成し、顧問先へメール送信していました。

① ロボットが基幹ソフトを立ち上げ、メニューより「健保・厚年得喪連絡票」を選択する

② ロボットが入社連絡票より従業員を選択する

③ ロボットが出力するための項目を設定する

④ ロボットが印刷画面より PDF データを出力する

⑤ ロボットが顧問先に送信するメールをロボットが自動的に作成する

⑥ ロボットが社会保険資格取得証明書にパスワードを設定してメールに添付する

⑦ 人間が内容を確認してメールを送信する

なお、退社処理の場合は、退社連絡票を顧問先から受領し、健康保険・厚生年金保険資格喪失証明書の PDF データを作成し、メールで顧問先に送信します。

届出はお住まいの市区町村です

国民年金・国民健康保険の手続きの際ご持参ください

健康保険
厚生年金保険　資格取得証明書

☑下記の者は、厚生年金保険・健康保険の被保険者の資格を取得したことを証明します。

□下記の者は、健康保険等の被扶養者として認定されたことを証明します。

年　月　日　　〒 320-0075
所 在 地　宇都宮市宝木本町1140-200

事業所名　サンプル会社
代 表 者　代表取締役 TMC　代表　　　　　　　　　　　印
Ｔ Ｅ Ｌ　028-666-3005

記

被保険者氏名	サンプル　三郎		（昭和33年10月 7日）	男
住　　所　A	〒 329-3157　栃木県那須塩原市大原間西1-10-6			
			TEL（　　　）	

健康保険・厚生年金保険 資格取得又は資格喪失年月日 （退職年月日）　B	取得 平成26年 3月15日	健康保険の被保険者証等 記号・番号　　　C	那塩さんぷる 98765432	番号	86
年金手帳の基礎年金番号D	9999-999999	保険者番号及び保険者名 E	01090018 全国健康保険協会栃木支部		

	氏　　名	生年月日	性別	続柄	被扶養者として認定又は 認定を取消された日	退職以外の時の 喪失理由	年金手帳の 基礎年金番号
	配偶者						
被扶養者 E							

◎　この「健康保険・厚生年金保険資格取得・喪失証明書」は市区町村の国民年金担当課に
　　国民年金の資格取得届・資格喪失届等を届出の際、年金手帳・印鑑を持参のうえ
　　提出してください。
◎　この「健康保険・厚生年金保険資格取得・喪失証明書」は市区町村の国民健康保険担当課に
　　国民健康保険の資格取得・喪失の届出の際、印鑑等持参のうえ提出してください。なお、家族が
　　国民健康保険に加入している場合は、その国民健康保険被保険者証も提出してください。

（4）社会保険料一覧表の作成

　入社した従業員の社会保険料が決定したら、一覧表（加入した方の保険料がいくらなのかのお知らせ）の PDF データを作成します。自動化する前は、職員が基幹ソフトを操作し、社会保険料一覧表（図表3-6）の PDF データを作成して顧問先へメール送信していましたが、次のように自動化しました。

①　ロボットが基幹ソフトを立ち上げ、メニューより「社会保険各種印刷メニュー」を選択

②　ロボットが入社連絡票より従業員を選択する

社 会 保 険 料 一 覧 表

改定年月区分	従業員コード被保険者番号	氏名	健康保険厚生年金	標準報酬(千)		健康保険料	介護保険料	小 計	厚生年金	基 金	合 計
2年 9月	000001	サンプル 三郎	38	750	本 人	37,050	6,712	43,762	59,475		103,237
料率変更	00000086		32	650	事業主	37,050	6,713	43,763	59,475		103,238
	標準報酬合計		健康保険	750	本 人	37,050	6,712	43,762	59,475		103,237
			厚生年金	650	事業主	37,050	6,713	43,763	59,475		103,238
					合 計	74,100	13,425	87,525	118,950		206,475
	事業所合計	1 名								子ども・子育て拠出金	2,340
										総合計	208,815

事業所　事業所名
009996　サンプル会社

事業主名
代表取締役 TMC 代表

管轄
全国健康保険協会栃木支部
年金機構

令和2年9月7日　　1頁

記号　　番号
暉塩さんぷる　9999

③　ロボットが出力するための項目を設定する

④　ロボットが印刷画面より PDF データを出力する

⑤　ロボットが顧問先に送信するメールをロボットが作成する

⑥　ロボットがパスワードを設定して社会保険料一覧表を社会保険資格取得（喪失）証明書と一緒にメールに添付する

⑦　人間が内容を確認してメールを送信する

　なお、社員が入社したときの社会保険料一覧表とは別に、毎月従業員の社会保険料のマスタ更新を行った後に、月額変更届（随時改定）の対象となったり介護保険によって社会保険料が変更となったりする従業員（40 歳到達・65 歳到達）を抽出して「保険料改定一覧」を作成しています。

　マスタ更新は管理者が手動で行っています（システム任せになると誤作動によるデータ損失につながります）が、保険料が更新されたら一覧表を作成し、顧問先へメール納品する処理を行っています。

(5) 公文書の更新

　電子申請で申請・届出を行った後は、行政機関が処理完了したものを把握するため、その処理状況を確認（公文書の更新処

理）をします。自動化する前は、職員が基幹ソフトを操作し、更新ボタンを押して確認していましたが、その作業を、夜間に基幹ソフトを起動させるとともに無人かつ支店単位で実施されるように、次のように自動化しました。

①　ロボットが基幹ソフトを起動させる（図表3-7）
②　ロボットが電子申請のメニューから「送信案件一覧」（図表3-8）を押す
③　ロボットが「現在状況」より更新対象の電子申請を抽出する
④　ロボットが更新ボタンを押して更新する
⑤　ロボットが更新作業を終了したら基幹ソフトを閉じて終了する（更新により新たなダウンロードすべき案件があれば、公文書ダウンロードに移行）

図表3-7　ログイン画面

図表3−8　申請案件一覧

(6) 公文書のダウンロード

　電子申請では行政機関が処理を完了すると公文書（控え）が発行されますが、その公文書のダウンロードをする作業です。(5) と同様、この作業も夜間に無人で実施されます。

　自動化する前は、職員が基幹ソフトを操作し、行政機関の処理が完了した案件について、1件ずつ公文書のダウンロードをしていました。1件1件の待ち時間も相当あり、ダウンロードしたデータを顧問先に送信するため、職員が手入力で1つずつメールを作成し、パスワードを設定して送信する必要もありました。得喪業務担当者は、この一連の作業だけで午前中が終わってしまうことが日常となっていましたが、次のように自動化しました。

① 　ロボットがパソコンのメニューで基幹ソフトを選択し、起動させる

② 　ロボットが電子申請のメニューから「送信案件一覧」を押す

③ ロボットが現在状況より抽出条件に設定し、ダウンロード対象の電子申請を抽出する

④ ロボットが状況照会画面より公文書をダウンロードし、所定の場所に、決められたルールに従ってデータ名をつけて保存する

⑤ ダウンロード作業が終了したら基幹ソフトを終了する

(7) 顧問先へのメール

従来は社会保険加入手続が完了した時に職員が完了報告のメールを作成・送信していましたが、現在は次のように RPA が「公文書の更新→ダウンロード→メール作成」を自動で行ってくれるようになっています（支店ごとに同様に処理）。

① メール作成を行うため、ロボットがメールの管理画面にログインする

② ロボットがダウンロードした公文書の事業所コードから宛先を選択する

③ ロボットが定型文を本文に挿入するとともに、ダウンロードした公文書を圧縮・暗号化（パスワード設定）し、メールに添付する

④ 人が内容を確認して送信する

自動化する前は、メール本文の文面が職員ごとに異なったり、送信する度に本文を作成する人もいたりして、作業の進め方にばらつきがありました（**図表3-9**）が、自動化にあたり、定型文を作成し、全員が同じ文面で送ることとしました。

夜間にメールが作成されているので、職員は、出社したらメールを立ち上げて送信トレイに準備されたメール（**図表3-10**）の内容を確認し、送信するだけでよくなりました。文面を作成する必要がなくなったことも、時間短縮につながっています。

Aさんが作成したメール

○○○株式会社
○○○　　様

いつも大変お世話になっております。
下記の書類をお送りしますので、ご確認ください。
【雇用保険資格取得確認通知書】
　・○○○さん
　・○○○さん
　・○○○さん
　・○○○さん
以上、ご査収くださいますようお願いいたします。

書類送付 .zip (application/x-zip-compressed)

Bさんが作成したメール

株式会社　　○○○
○○○　　様

いつもお世話になっております。
以下書類を送付致します。
　・雇用保険資格取得証（○○○さん）
ご確認の上、ご本人にお渡しください。
よろしくお願い致します。

○○○さん＿雇用保険被保険者証、資格取得等確認通知書 (被保険者用).zip (application/x-zip-compressed)

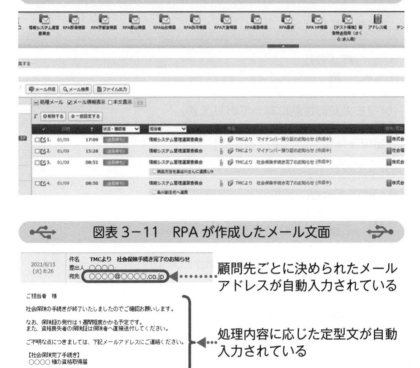

図表 3-10　RPA が送信準備をしたメール一覧

図表 3-11　RPA が作成したメール文面

顧問先ごとに決められたメールアドレスが自動入力されている

処理内容に応じた定型文が自動入力されている

添付ファイルには、会社ごとに決められたパスワードをロボットが自動設定している

【総括】

・入力、ダウンロード、メール作成など、手間のかかる作業が自動化され、担当者の負担が大幅に軽減された

Ⅱ　給与計算業務への RPA 導入と効果

1　RPA 化した業務

　給与計算事務については、次のような作業を自動化しました。

① 　給与連絡表（勤怠データが入力されたフォーマット）の作成・取込み
② 　給与計算
③ 　前月対比表の作成（チェック用）
④ 　各種帳票（給与支給・控除一覧表、金種表、振込一覧表、給与明細書等）の作成
⑤ 　顧問先へのメール作成（添付ファイルにパスワード設定）
⑥ 　住民税控除額更新時のデータ取込み
⑦ 　退職手当掛金更新時のデータ取込み　　　　他

2　RPA 導入後の給与計算業務の流れ

（1）給与連絡表の作成・取込み

　従来は、顧問先が各社各様のやり方で勤怠データ（職員毎の出勤日数・時間数、欠勤日数、遅刻・早退時間数、有給休暇使用日数、残業・休日出勤・深夜労働時間数などの勤怠データ）を作成していました。会社ごとにフォーマットが異なり、

図表 3−12　時間配分の変化（給与計算業務）

RPA 導入前	RPA 導入後
・勤怠データの入力にかなりの時間を要していた	・入力業務が自動化され、ロボットが作成した内容の確認に専念できるようになった
・帳票の納品を持参か郵送により行っていたので、相当な時間を要していた	・メールでの納品に切り替えたことで劇的に時間が短縮された
・ミスも多発していた	・自動入力と前月対比機能によりミスが減少した
・住民税や退職手当掛金の更新は手入力で、時間をかけて実施していた	・住民税や退職掛金の更新においては、紙面をデータ化し、自動入力に切り替えた

Excel データがメールで送信されてくる会社もあれば手書きの勤怠表が FAX で送られてくる会社もありました。職員がそれを基幹ソフトに入力していましたが、必要項目の入力漏れや手書きの勤怠表で読みにくい箇所を電話で確認するなど、入力前の調整に時間を要していました。さらに入力と入力ミスがないかのチェックにも、時間がかかっていました。職員数の多い顧問先の場合、勤怠データの入力だけで 1 日以上を費やすケースもありました。

　そこで、入力作業を効率化するため、勤怠表を「給与連絡表」（**図表 3−14**）に統一し、次のように Excel で作成された勤怠データを自動的に取り込む方法に変えたところ（**図表 3−15**）、入力に要していた時間がかからなくなり、入力ミスも生じない仕組みになりました。

① 　ロボットが基幹ソフトを立ち上げる

② 　メニューから「月次給与処理」を選択する

図表 3−13　給与計算の RPA 化イメージ

マスタ整備 （変更データ反映）	入社・退職・変更などを職員が入力

連絡表出力・ 加工	・マスタに勤怠項目を入力するためのフォーマットを作成する
メール作成	・ロボットが顧問先に送信するメールを作成する

ロ
ボ
ッ
ト
化

メール確認・送信	・職員がメール内容を確認し、送信

連絡表受付 （メール）	・顧問先から給与連絡表をメールで受け取る

勤怠データ 取込み	・給与連絡表データをパソコンに自動で取り込む
給与計算	・基幹ソフトの給与計算機能を使って給与計算が自動で行われる

ロ
ボ
ッ
ト
化

チェック	・ロボットが行った給与計算に誤りがないか確認する。入力ミスは起きないので、前月との変更点を中心に確認する

帳票作成 （PDF）	・紙面の印刷はせず、PDF データを作成
メール作成 ※メールの作成、 添付ファイルへ のパスワード 設定も自動 処理	・ロボットが自動で顧問先に送信するメールを作成する ・添付ファイルへのパスワード設定も自動処理

ロ
ボ
ッ
ト
化

メール送信	・顧問先にメール送信して納品完了 （紙面の持参、郵送は行わない）

③ 「給与計算」を選択する

④ 「連絡表 Excel データ取込」を選択する

⑤ 「参照」をクリックし、連絡表のデータがある場所を指定する

⑥ 顧問先が作成した連絡表データを給与ソフトに取り込み、給与計算を行う

図表 3-14 給与連絡表

勤退データは顧問先が給与連絡表に入力。メールでデータをもらい、ロボットが給与ソフトに取り込む

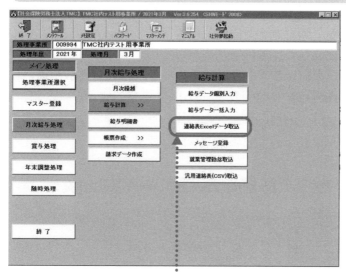

図表 3-15　基幹ソフトへの勤怠データの取込み

ロボットがここをクリックすると、下のダイアログメッセージが表示されるので「取込」ボタンを押して給与連絡表のデータを給与ソフトに取り込む

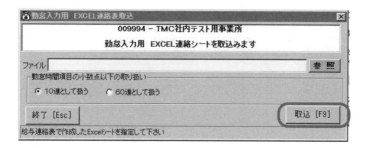

(2) 前月対比表を用いたチェック

　取り込んだ勤怠データの給与計算を給与ソフトで行うところまで自動化されているので、人間はその結果が正しいかどうかのチェックを行います。比較するデータ（前月対比表）は、ロボットが作成します（**図表3-16**）。

　チェックは、前月のデータとの比較を行い異なる箇所を重点的にチェックすることでミスが減少します。

図表3-16　前月対比表を用いたチェック作業

前月の データ	当月の データ		前月の データ	当月の データ	
999996	999996		999996	999996	
株式会社TMC	株式会社TMC		株式会社TMC	株式会社TMC	
1	1		2	2	
労働者1	労働者1		労働者2	労働者2	
2020/11/25	2020/12/25		2020/11/25	2020/12/25	
8	8		8	8	
300,000	300,000		200,000	200,000	
10,000	10,000		10,000	10,000	
20,000	20,000		20,000	20,000	
10,000	11,000	1,000	10,000	11,000	1,000
370,000	371,000	1,000	270,000	271,000	1,000
350,000	350,000		350,000	350,000	
370,000	371,000	1,000	270,000	271,000	1,000
18,563	18,563		17,586	17,586	
3,401	3,401				
34,770	34,770		32,940	32,940	
1,518	1,518		1,404	1,404	
7,110	7,110		4,910	4,910	

･･････前月のデータと異なる部分があると時間や金額が数字で表示されるので、この部分を集中的に確認することでミス防止につなげることができる

(3) 各種帳票の作成

　ロボットが行った給与計算の結果を人がチェックしたら、RPA を再度稼働させます。そして、ロボットが基幹ソフトを操作して必要な帳票を順番に PDF データで作成します。

　RPA を導入する前は、職員が紙の「支給・控除一覧表」「金種表」「事業所負担保険料一覧表」「住民税関連」「振込関連」等を、1 つひとつ手作業で出力していましたが、帳票出力時の設定（範囲設定、出力順、用紙の指定など）も最初に登録しておけば（**図表 3 − 17**）、自動でその事業所の登録内容で作成するので、大幅な時間短縮につながりました。

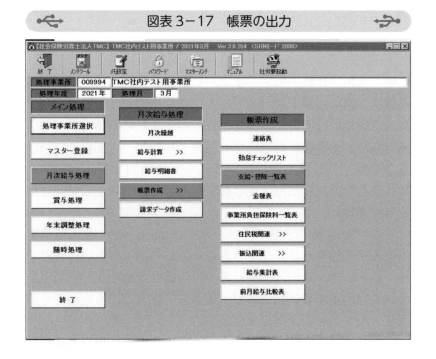

図表 3 − 17　帳票の出力

（4）顧問先へのメール作成

　給与支給・控除一覧表、振込一覧表、金種表、給与明細書などは、従来は持参により納品していましたので、移動時間がかかっていただけでなく、事業主に直接渡すための時間調整も必要でした。その後、郵送に切り替えましたが、大規模事業所は書類も多く、印刷や郵送の準備にも相当時間を要していました。これをメール納品に切り替えたところ、かなりの時間短縮になりました。

　なお、納品時に送信するメールの文面は、RPA 導入前は担当者ごとに異なるフォーマットで作成していましたが、全社で統一しました。送付先の会社名や送付物も自動で入力されるようシナリオが作成されており、定型文になっているため、その都度入力する必要がありません。

　帳票データの作成が終わると、それらを格納したフォルダが添付されたメールが作成されます。職員が出勤して PC を立ち上げると、メールが下書きの状態になっていますので、内容が

正しいことを確認して送信します（図表3−18）。

　メール納品への切替えにより心配されるのは誤送信ですが、メールの作成作業もロボット化したことで、顧問先ごとに割り振られた事業所番号と連動して処理されるので、別の顧問先に誤って送信されるリスクはありません。パスワードもロボットが自動で設定してくれるため、担当者は送信先・メールの文章・添付ファイルを確認し、送信ボタンを押すだけとなっています。

図表3−18　RPAが作成した帳票納品メール

メール情報	🖉変更する　表示：☑メール情報詳細　☑メールヘッダ		
状況	(送信待ち)		
確認者	(未設定)	緊急度　通常	担当者
フォルダ	📁[未分類]		
コメント			
	書き込む		
顧客情報		📄履歴を見る	

件名　　TMCより　給与納品物の件
差出人
宛先

ご担当者　様

給与計算が終了いたしましたのでご確認お願いします。
次の関係資料をお送りしますので、適宜ご利用ください。
ご不明な点につきましては下記メールアドレスへご連絡ください。

【送付物】
支給・控除一覧表

※このメールはシステムにより自動作成されています。

-=
株式会社ＴＭＣ経営支援センター
TEL:　　　　　　FAX:
HP:http://www.tmc-jinji.com
Mail:📎
-=

.zip (application/x-zip-compressed)

📝内容を編集する　　その他の操作▾

RPA導入前（プリンタ周辺に帳票類が置かれ、給与明細納品等のために郵送物が準備されていた）	RPA導入後（書類の量が必要最小限になった）

(5) 住民税控除額更新時のデータ取込み

　「市町村民税・県民税特別徴収税額決定通知書」に基づくマスタ整備（毎年6月起算の住民税控除額の変更）を、年1回行う必要があります。従来は、給与計算前のマスタ整備において入力作業を行っていましたが、この作業も相当時間がかかっていました。

　現在では、AI付きOCRで紙の「市町村民税・県民税特別徴収税額決定通知書」をデータ化することで給与計算ソフトに取り込み、それを従業員マスタに反映させることで、入力時間を激減させることができています。

図表 3−20 住民税控除額のデータ取込みを行う画面

(6) 退職手当掛金更新時のデータ取込み

　会社によっては、退職手当の原資となる掛金月額（毎月一定額を控除するもの）が毎年変動するため、年1回、職員ごとの掛金月額変更をマスタに反映させる入力作業があります。

　これについても住民税同様、AI 付き OCR で「退職手当掛金の一覧表」を取り込むことで大幅な省力化を果たすことができました。

【総括】
・勤怠データの入力・チェック、納品物の作成などが自動化され、非常に省力化された
・給与計算結果をチェックすべきポイントも絞られ、ミス防止にもつながっている

Ⅲ 労働保険の年度更新業務への RPA 導入と効果

1 RPA 化した業務

年度更新業務については、次のような作業を自動化しました。

① 月別賃金集計入力
② 一括有期事業入力
③ 確定保険料 / 概算保険料の算出
④ 雇用保険未加入者リストの抽出
⑤ 納入通知書、確定申告書等の帳票作成
⑥ 納品作業
⑦ 控え書類のデータ保存

図表 3-21　時間配分の変化（労働保険年度更新）

RPA 導入前	RPA 導入後
・賃金台帳の内容確認、合計の集計、入力、雇用保険未加入者のチェックにかなりの時間を要していた	・これらの業務が自動化され、受付とロボットが作成した内容の確認に専念できるようになった
・納入通知書等への押印を何百枚も行っていた	・押印を必要としなくなった
・納入通知書、確定申告書の納品を持参か郵送により行っていたので、相当な時間を要していた	・納品をメールに切り替えたことで劇的に時間短縮になった（80％以上がメール納品）

図表3-22　労働保険年度更新の RPA 化イメージ

| 賃金等データ回収（メール） | ・メールで賃金データ・工事データを回収する
・一括処理方式
　賃金データ・工事データを顧問先が所定フォーマットに記入し、そのデータを RPA が取り込むもの（手書きの場合は AI 付き OCR で読み込む）
・個別処理方式
　給与計算事業所や大手の賃金データ（取込処理済み）は基幹ソフトへ登録済みのため、回収不要 |

データ登録	・登録するデータをロボットが自動で入力し、検算も実施する（顧問先が記載した合計額と自動計算した合計額の照合等）
	・ロボットが基幹ソフトの賃金データを抽出し、雇用保険に該当する人が未加入の場合、アラートを表示する
	・ロボットが賃金・工事データを基幹ソフトに貼付し、基幹ソフトが労働保険料を計算する

ロボット化

| 内容確認 | ・人が目視で労働保険料計算結果を確認する |

| 納入通知書作成・出力 | ・紙の帳票の印刷はせず、PDF データで作成・出力する
・自動で電子押印を行う |

| メール作成
※メールの作成、添付ファイルへのパスワード設定も自動処理 | ・顧問先に送信するメールをロボットが自動で作成する
・添付ファイルのパスワード設定も自動で行う |

ロボット化

| メール送信 | ・メール送信し、納入通知書等の納品完了
　紙面を印刷しないので、持参・郵送等を行わない |

2 RPA 導入後の労働保険年度更新業務の流れ

(1) 賃金等データの回収

　顧問先から**図表 3−23** の様式で賃金データを、建設業の場合は併せて**図表 3−26** の様式で、工事高（工事データ）を回収します（一括処理方式）。賃金データが整備済みの場合は、データ回収は不要です（個別処理方式）。

　処理を自動化するためには、賃金データの回収を合理化する必要があります。電子データ（Excel データ）で回収できれば、データを取り込んでマクロ処理で登録データを作成し、ロボットが自動で該当欄へ入力するので入力作業が不要になり、入力ミスも生じないこととなります。手書きで給与明細を作成しているなど電子データでの回収が困難な場合は、**図表 3−24** に賃金合計額を記載してもらい、それを AI 付き OCR で取り込んで CSV データを作成し、必要なデータを回収します。

　一括処理方式の場合は、データを回収した後、毎月の給与額を登録します（建設業の場合は併せて工事高を登録）。以下、一括処理方式の場合で AI 付き OCR で取り込んでデータ回収を行う場合に、どのような処理となるかを説明します。

図表3－23　労働保険料等算定基礎賃金等の報告

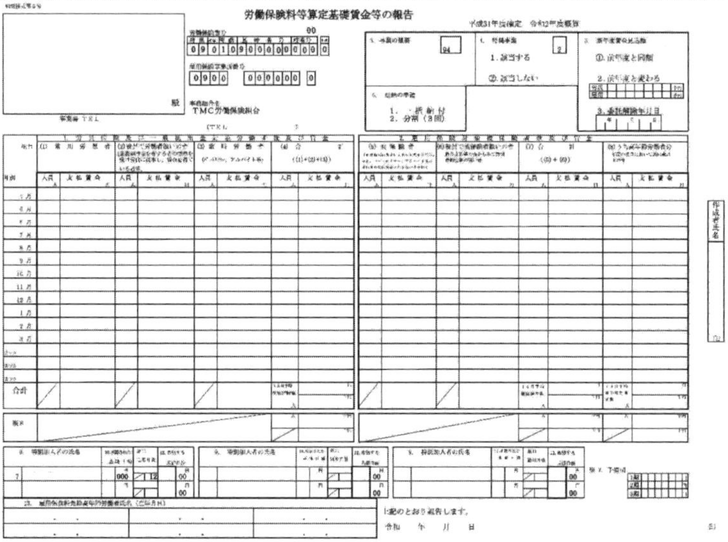

（2）基幹ソフトへの賃金データ等の登録および労働保険料の計算

①　月別賃金集計データの登録

　自動化する前は、各月の全従業員の賃金合計額と労働者数を手入力し、さらに入力ミスがないかを目視でチェックしていました。顧問先から受領する賃金台帳のフォーマットは様々であるため、内容を把握するのに時間を要することもありました。その作業について次のように自動化しました。

・図表3－23の様式をAI付きOCRで読み取りデータ化する
・基幹ソフトを起動し、メニューから、「事務組合」のタブを選択し、「月別確定賃金入力」を選択する（事業主単位で行う年度更新の場合は「労働保険」のタブを選択する以外は手順はすべて同じです）
・図表3－24の画面が表示されるので、各項目への登録と同時に検算も実施する

図表3−24　月別賃金集計データの登録画面

月別確定賃金入力　平成31年度確定　令和2年度概算

事務組合適用コード 13　基幹番号 _____　地　区 _____
枝　番 ____　カナ検索　労災賃金コピー　雇用保険番号 ___ − ___ − ___
　　　　　　　　以降コピー [F11]　事業所名 _____
年　度 H31年度▽　前行コピー [F12]　事業主名 _____

	労災保険対象労働者数及び賃金						雇用保険対象被保険者数及び賃金
	常時使用労働者		役員労働者		臨時労働者		合計
	人数	賃金(円)	人数	賃金(円)	人数	賃金(円)	人数	賃金(円)
4								
5								
6								
7								
8								
9								
10								
11								
12								
1								
2								
3								
賞与								
賞与								
賞与								
合計								

平均人数 ____　合計(千円) ____　特別加入含(千円) ____

終了 [Esc]　賞与月　削除 [F2]　特別加入者 [F3]　高齢者 [F4]　概算 [F5]　登録 [F6]　自動配賦 [F7]　前表示 [F8]　次表示 [F9]　CSV出力 [F10]

②　算定基礎賃金データの登録および労働保険料の計算

　登録した賃金データを元に、労働保険年度更新用の算定基礎賃金欄に数値を登録していきます。
・基幹ソフトのメニューから、「事務組合」のタブを選択する
・「算定基礎賃金入力」を選択して**図表3−25**の画面を表示させる
・「再計算」を押し、基幹ソフトに登録した賃金データを労働保険料計算のための確定賃金データとして連動させ、確定保険料と概算保険料を算出する

図表3-25 算定基礎賃金データの登録画面

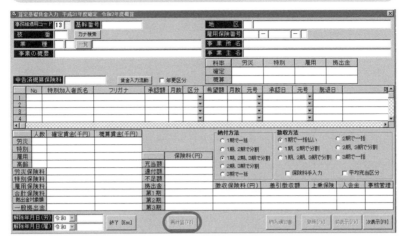

③ 一括有期事業（工事データ）の登録

　建設業の場合、労働保険料計算の前に工事高を登録し、賃金相当額を算出した後、労働保険料の計算を行います。自動化する前は、顧問先からFAX等で受領した一括有期事業報告書（建設の事業）（**図表3-26**）をもとに元請工事高を手入力し、さらに入力ミスがないかを目視でチェックしていました。その作業について次のように自動化しました。

・指定フォーマットをAI付きOCRにかけデータ化する

・基幹ソフトを起動し、メニューから「事務組合」→「一括有期事業報告書入力」を選択して**図表3-27**の画面を表示させ、工事情報を入力する

図表 3-26　一括有期事業報告書（建設の事業）

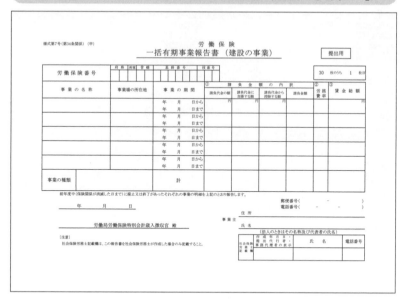

様式第7号（第34条関係）（甲）

労働保険
一括有期事業報告書（建設の事業）

提出用

| 労働保険番号 | 府県 | 所掌 | 管轄 | 基幹番号 | 枝番号 | | 30 枚のうち　　1 枚目 |

| 事業の名称 | 事業場の所在地 | 事業の期間 | 請負金額の内訳 | | | | ② 労務費率 | ③ 賃金総額 |

前年度中（保険関係が消滅した日まで）に廃止又は終了があったそれぞれの事業の明細を上記のとおり報告します。

年　　月　　日

郵便番号（　　　-　　　）
電話番号（　　　-　　　）

労働局労働保険特別会計歳入徴収官　殿

住所
事業主　氏名

（法人のときはその名称及び代表者の氏名）

〔注意〕
社会保険労務士記載欄は、この報告書を社会保険労務士が作成した場合のみ記載すること。

図表 3-27　一括有期事業（工事データ）の登録画面

一括有期事業報告書入力 平成31年度確定 令和2年度概算

事務組適用コード 1 3 5 　基幹番号
枝　番　　　カナ検索
年　度　H31年度

地　区
事業所名
事業主名

※事業期間は「10/12/31」以前なら令和、「11/01/01」以降なら平成として登録されます。

	事業番号	事業の名称 / 事業場の所在地	事業期間	請負代金の額（円）/ 加算額 控除額（円）	請負金額（円）	労務費率 / 賃金総額（円）
1						
2						
3						
4						
5						
6						
7						
8						

平均人数

合　計

確定労災保険料率　0.000
概算労災保険料率　0.000

平成27年3月31日以前に始めた事業については
労務比率率なしにして暫定税率を考慮した賃金総額を直接入力してください。

労災
賃金算定合計
比率算定合計
労災基礎額

拠出金基礎額
拠出金対象額（千円）

終了[Esc]　社労・合計算[SHF7]　開始届取込[SHF7]　CSV出力[SHF7]　削除[F3]　特記入力者[F4]　検算[F7]　登録[F6]　事業名入力[F7]　前表示[F8]　次表示[F9]

④ 一括有期事業総括表データの登録および労働保険料の計算

　登録した工事データをもとに、一括有期事業総括表作成用に工事データを登録します。自動化する前は、保険料算出のために何度もボタンをクリックし、さらにミスがないかを目視でチェックしていましたが、次のように自動化しました。

・基幹ソフトのメニューから「事務組合」のタブを選択する
・「一括有期事業総括入力」を選択すると、一括有期事業データが自動連携されるので、データを登録する
・データに基づき、ロボットが確定保険料と概算保険料を計算する

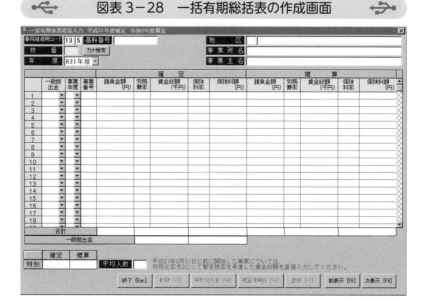

図表 3－28　一括有期総括表の作成画面

⑤ 雇用保険未加入者リストの抽出

　賃金データ・工事データを登録すると、確定保険料・概算保険料の算出を行う前に、ロボットが自動で基幹ソフトの賃金データを抽出し、雇用保険の被保険者に該当する人が未加入の

場合、アラートが表示されるよう設計しています。自動化する前は、ハローワークから雇用保険加入者リストを取り寄せ、同リストと基幹ソフトのマスタや賃金台帳の雇用保険料控除欄を見比べて、目視で加入漏れ・喪失漏れのチェックを行っていましたが、次のように自動化することができました。

・基幹ソフトに入っている賃金データを個人別・月別に出力する
・雇用保険の被保険者に該当する人が未加入の場合、アラートを表示する

(3) 納入通知書（PDF データ）を作成・出力する

　労働保険料の計算が終わったら、顧問先に納品する納入通知書を作成します。自動化する前は、各帳票を印刷するために各画面のボタンを何度もクリックしていました。さらに印刷した紙の帳票に押印もしていましたが枚数が多く、押印だけでも相当な時間を要していました。今では出力方法（印字する項目等）も設定しているので、ロボットが自動で基幹ソフトを立ち上げ、設定どおりに次の帳票を出力してくれます（**図表 3 － 29、3 － 30**）。

① 　納入通知書（事業主控え、事務組合控えにそれぞれ組合印を押印)
② 　賃金等報告書
③ 　一括有期事業報告書

組機様式第 7 号

329-3157
那須塩原市大原間西テスト

TMC社内テスト用事業所

代表取締役 岡部 正治 殿

0287-12-3456

労働保険料等納入通知書

労働保険番号

府 県	所掌	管 轄	基 幹 番 号	枝 番 号
0 9	3	1 2	9 8 7 6 5 0 0	0 1

[他番号]
340-001　　650-003　　342-001
340-002　　340-003　　652-001

金		¥	1	3	千 7	6	円 9

上記金額を　2 年　6 月 12 日までに当事務組合に納入して下さい。

なお、さきの口座振替契約により納入される場合は、ご指定の口座から

第 1 期分（上記金額）は　6 月　12 日・第 2 期分は　　　　　　　月　　　　日・

第 3 期分は　　　　月　　　　日に引き落としさせていただきますのでご承知ください。

振替口座　　　　令和　2 年 4 月 1 日
足利銀行
本店営業部
普通1111111
TMC社内テスト

労働保険事務組合
サンプル労働保険事務組合

サンプル　太郎
　　　　TEL 0287-98-7654

令和　2 年度　期別納付額

項目 期別	確定 保 険 料 不足額 (円)	充当額 (円)	概算保険料 (円)	保険料計 (円)	一般拠出金 (円)	事務管理 費 (円)	納 付 額 合 計 (円)
第 1 期		15 800	29 550	13 750	19		13 769
第 2 期							
第 3 期							
合 計		15 800	29 550	13 750	19		13 769

算出方法

平成 31 年度 確 定 保 険 料					令和　2 年度 概 算 保 険 料				
賃 金 総 額 (千円)		料 率	確定保険料 (円)		賃 金 総 額 (千円)		料 率	概算保険料 (円)	
労 災	950	3.000	2 850		労 災	7 000	3.000	21 000	
特別加入					特別加入				
雇 用	150	9.000	1 350		雇 用	950	9.000	8 550	
合	計		4 200		合	計		29 550	
申 告 済 概 算 保 険 料			20 000						
差 引	額		-15 800		還付額			0	
一 般 拠出金	賃金総額 (千円) 950	料 率 0.02	一般拠出金額 19						

組機様式第8号

労働保険　**一括有期事業総括表　算定基礎賃金等の報告**

329-3157
那須塩原市大原間西テスト

TMC社内テスト用事業所

代表取締役 岡部 正治　　　　　殿

平成31年度確定　令和2年度概算

労働保険番号

府県	所掌	管轄	基幹番号	枝番号	賜変
0 9	3	1 2 9	1 2 3 4 5	0 0 1	

事務組合名　テスト労働保険事務組合

事業場TEL 0287-12-3456　　　　（TEL:　0287-12-3456　）

業種番号	事業の種類	1. 請負金額	労務費率	2. 賃金総額	
	林業				3.一括有期事業報告書　枚添付
02	木材伐出業			千円	4. 常時使用労働者数　1 2 人
03	その他の林業			千円	5. 事業の概要　37
31	水力発電施設,ずい道等新設事業	円	19 %	千円	その他の建設事業
32	道路新設事業	円 円	20 19	千円	6. 新年度賃金見込額
33	舗装工事業	円 円	18 17	千円	①.前年度と同額
34	鉄道又は軌道新設事業	円 円	25 24	千円	2.前年度と変わる 千円
35	建築事業	円 円	23	千円	3. 委託解除年月日 年 月 日
38	既設建築物設備工事業	円 円	23	千円	7. 延納の申請
36	機械装置の組立又は据付けの事業（組立又は取付けに関するもの）	円 円	40 38	千円	1. 一括 納付
	（その他のもの）	円 円	22 21		②. 分割（3回）
37	その他の建設事業	1 0 0 3 8 1 4 0 0 円	24	2 4 0 9 1 千円	※8. 予備欄 1期 円 2期 円 3期 円
合計		1 0 0 3 8 1 4 0 0		2 4 0 9 1 千円	
				一般拠出金対象額 2 4 0 9 1 千円	

確定保険料合計　一般　361,365　特別　0　拠出金　481　合計　361,846

9. 特別加入者の氏名	10.承認された基礎日額	※11.適用月数	12.希望する基礎日額	9. 特別加入者の氏名	10.承認された基礎日額	※11.適用月数	12.希望する基礎日額
	円		円 00		円		円 00
	円		円 00		円		円 00
	円		円 00		円		円 00

別途一括有期事業報告書の明細及び算定基礎賃金等を
上記のとおり総括して報告します。　　　TMC社内テスト用事業所

令和　2年　4月　1日　事業主氏名　代表取締役 岡部 正治　　　　印

栃木 労働局労働保険特別会計歳入徴収官　殿

作成者氏名　　　印　　　事業主控

（4）納入通知書等の納品

① 納品作業

　自動化する前は、各帳票を印刷するために各画面のボタンを何度もクリックしていました。さらに印刷した紙の帳票に押印もしていましたが枚数が多く、押印だけでも相当な時間を要していました。

　そこで、次の作業が自動で行われるようにしました。

・納入通知書、確定申告書等の PDF データを保存する

・納品メールを下書きする

・納品フォルダを圧縮しパスワードを設定する

・納品フォルダをメールに添付し、保存する

② 控え書類のデータ保存

　自動化する前は、紙の各帳票をファイリングしていましたが、顧問先へ納品した控えを事務組合控えとし、サーバへ保存する方法に変更して自動化し、検索もしやすくなりました。

【総括】
・毎年、労働保険申告の時期は膨大な事務量で大変だったが、RPA 導入後は余裕をもって処理できるようになった
・メール納品に切り替えたことで、移動時間・郵送時間が激減した

Ⅳ　社会保険の算定基礎業務への RPA 導入と効果

1　RPA 化した業務

　社会保険の算定基礎業務については、次のような作業を自動化しました。

① 　マスタの不備抽出

② 　2 等級以上の差の抽出

③ 　届出内容と結果通知の等級差異の照合　他

　従来は、従業員マスタのチェック、2 等級以上の差のチェックを人間の目で確認していたので時間がかかり、時々チェック漏れも起きていました。これを自動抽出できる仕組みにしたことで、必要な箇所だけをチェックすればよくなり、漏れも起きなくなりました。

　控えの納品についても、1 社ずつ持参したり郵送したりしていたので、その移動時間や郵送準備時間が相当なウェイトを占めていました。これをメール納品に切り替えたことで、大幅に時間を短縮することができました。顧問先からも、「電子データでもらえるほうがありがたい」という声をいただいています。

　算定基礎届の提出後に、届出した内容と行政機関から送付されてくる結果通知との間に相違がないか確認する作業も、1 件ずつ目で見て確認するのは大変でしたが、このチェック作業もロボット化したことで、時間短縮と負担軽減につながりました。

図表 3－31　時間配分の変化（算定基礎届）

RPA 導入前	RPA 導入後
・賃金台帳の内容確認、合計の集計、入力、2 等級以上の差（月変可能性）のチェックにかなりの時間を要していた	・左記の業務が自動化され、受付とロボットが作成した内容の確認に専念できるようになった
・持参か郵送により納品していたので、相当な時間を要していた	・メール納品に切り替えたことで劇的な時間短縮が実現した
・届出内容と結果通知の照合に相当な時間を要していた	・照合作業の時間も大幅に短縮された

2　RPA 導入後の社会保険算定基礎業務の流れ

(1) 賃金データの登録

　算定基礎届に必要な 4 月・5 月・6 月に支払った賃金データを基幹ソフトに登録しておきます。

(2) 算定基礎届チェックシート作成

　(1) で登録した情報は、算定基礎届においてチェックすべき事項を見やすく表示するオリジナルのチェックシート（**図表 3－33**）に流し込んで、確認します。

図表3-32 算定基礎業務のRPA化イメージ

賃金データ回収	・賃金データを回収し、基幹ソフトに取り込む
処理依頼	・所定場所に、ロボットに処理してほしい事業所名・事業所番号を入力・保存する
賃金データ取込み	・ロボットが基幹ソフトから賃金データを出力 ・賃金データを取り込むと、ロボットが自動で算定基礎届チェックシートを作成する
チェック	・2等級以上の差など、算定基礎届において重要なポイントをロボットが抽出する ・その部分を人が重点的にチェックする
帳票作成（PDF）	・紙の帳票は印刷せず、PDFデータを作成
電子申請	・人が内容を確認し、電子申請を行う ・ロボットが控えをPDFで保管する
メール作成	・ロボットが自動で顧問先へのメールを作成する ・ロボットが添付ファイルへのパスワード設定する
メール送信	・顧問先にメールを送信し、納品完了 （紙面を印刷しないので、持参・郵送は行わない）
行政から結果通知受領	・結果通知をAI付きOCRで読み込み、ロボットによる照合作業へ移る
届出内容と通知の差異のチェック	・ロボットがチェックし、差異を抽出する
差異の調整	・人がエラー内容を確認し、修正する
納品物作成メール作成	・顧問先への納品物・メールをロボットが自動で作成する ・添付ファイルへのパスワード設定もロボットが行う
メール送信	・顧問先にメールを送信し、納品完了

ロボット化（賃金データ取込み）

ロボット化（帳票作成）

ロボット化（メール作成）

ロボット化（差異のチェック）

ロボット化（納品物作成・メール作成）

・チェックシートの全体

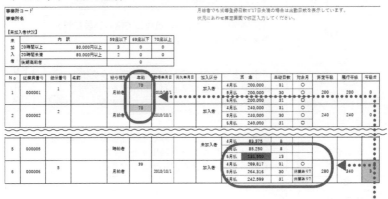

・色を変えて表示されているセル

No	従業員番号	健保番号	名前	給与種別	年齢
1	000001	1		月給者	70
2	000002	2		月給者	70

読み取ったデータのうち、注意すべき内容となっているものがある場合はセルの色を変えて重点的にチェックできるようになっている

4月払	83,375	8	
5月払	85,250	8	
6月払	131,500	13	
4月払	289,817	31	○
5月払	264,316	30	休業あり？
6月払	242,599	31	休業あり？

（3）算定基礎届データの修正と電子申請データの作成・申請

　これは人が行います。（2）で作成したチェックシートは、マスタに登録されているデータと（1）で登録したデータとに相違がある場合にアラートが表示（生年月日が異なる場合は欄が黄色く表示される等）されるよう設定されているため、アラートが表示された箇所を確認し、必要に応じて修正・顧問先

との調整等を行います。

　その後、修正したチェックシートのデータを見ながら基幹ソフトの該当項目を修正して申請内容を確定させ、**図表3−34**の画面で算定基礎届の電子申請に必要な情報を入力し、電子申請をします。電子申請後は、**Ⅰ2(5)・(6)**（101 〜 103ページ）と同様に電子申請の情報更新と公文書のダウンロードをロボットが行います。

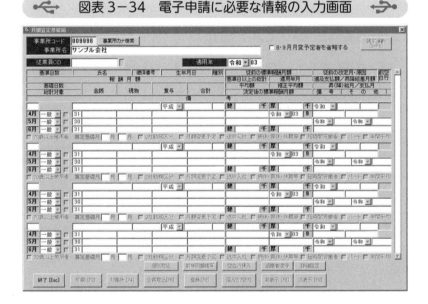

図表3−34　電子申請に必要な情報の入力画面

(4) 申請情報と決定通知との等級差のチェック

　「申請した社会保険等級」と「年金事務所が決定した社会保険等級」との等級差をチェックする作業です。ロボットが自動で等級差を抽出し、その箇所がオリジナルの事後チェックシート（**図表3−35**）に表示されます。

状態確認				決定後の標準報酬月額		社労夢標準報酬月額						
介護	厚年	健保	2社	健保月額	厚年月額	健保月額	厚年月額	改定月	原因	変更有	決定通知	決定通知
				400	400	440	440	32/9	算定	○		
				320	320	300	300	32/9	算定	○		
				360	360	380	380	32/9	算定	○		
				380	380	360	360	32/9	算定	○		
				280	280	260	260	32/9	算定	○		
				200	200	160	160	32/8	月変	○		
				320	320	300	300	32/9	算定	○		

届出内容と結果通知に差異がある箇所が○印で表示される

(5) 従業員台帳のマスタ修正

　(4) の事後チェックシートをもとに、人がマスタに登録されているデータを次の手順で修正します。

① 　基幹ソフトのメニューから「事業所名簿」を選択する
② 　対象者事業所を検索する
③ 「従業員名簿」を選択し該当従業員を表示させる
④ 　事後チェックシートをもとに、社会保険履歴のマスタを修正する

図表3-36　マスタの修正画面

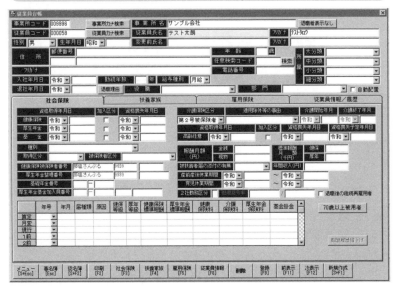

【総括】
・チェックすべき箇所が表示されるので、チェック漏れが防止
　できる
・メール納品に切り替えたことで、移動時間・郵送時
　間が激減した

Ⅴ 行政から委託された補助金審査業務への RPA 導入と効果

1 RPA 化した業務

　当法人では、行政庁（某中核市）からの委託を受け、コロナ禍の影響で売上が一定程度減少した事業者に対する家賃費用の支援に関する補助金の審査業務を行いました。その事務処理については、次のような作業を自動化しました。

① 　紙で提出された書類を AI 付き OCR で読み取りデータに変換（自動処理できるように）
② 　申込事業所の受付台帳へのデータ登録
③ 　重複申請をしていないかのチェック
④ 　売上減少要件を満たしているかの判定
⑤ 　補助金額の算出
⑥ 　交付・不交付決定一覧への結果データの登録
⑦ 　補助金振込先一覧への登録（補助金振込準備）

　これらの作業を手入力で行っていたら、相当非効率的であったと思います。審査業務では、受付時、交付・不交付決定時、振込準備時といった進捗に応じて台帳（受付台帳、交付・不交付決定一覧、補助金振込先一覧）に記録するデータを更新していく必要がありますが、事業所の件数が多くなると入力作業も膨大になります。自動読込みにより対応することで、少人数でも台帳入力が可能となりました。

　行政機関からの委託事業の受託は今後も継続的に想定され、

RPA 導入前	RPA 導入後
・台帳へのデータ入力を手作業で行うため、入力だけに1人が拘束されていた。 ・審査が進む過程において、段階ごとに手入力が必要であった	・台帳への入力業務が自動化され、ロボットが作成した内容の確認に専念できるようになった ・段階ごとのデータ更新が自動読込みで済むようになった

類似事業も多いことから、このようなノウハウを蓄積することは将来に向けて大変有益であると考えます。

　RPA の導入は、こうした業域拡大をも可能にします。

2　RPA 導入後の審査業務のイメージ

(1) 申請書のデータ化

　事業者から提出された紙面の申請書を AI 付き OCR で読み取り、データ化します（図表3−39）。読み取ったデータは所定の受付台帳に転記されるように Excel のマクロが作成されているので、自動で受付台帳に反映されていきます。人は申請書を AI 付き OCR で読み取ることと、マクロにデータを読み込ませ、読取結果にエラーがないことのチェックだけを行えばよく、手入力の必要がありません。

図表 3-38　審査業務の RPA 化イメージ

| 申請書の受付 | ・紙の申請書で受け付ける |

| 申請書の
データ化 | ・申請書を AI 付き OCR で読み込み、データ
化して受付台帳に転記する |

ロボット化

| 申請書の検算 | ・受付一覧と比較し、二重申請でないか、申請
書ごとに申請内容を転記した Excel データ
を作成し、売上減少要件の可否、助成額計
算に誤りがないか等をロボットが照合し、
問題がある場合は審査チェックシート上に
赤く表示する |

ロボット化

| チェック | ・人が目視で読取結果にエラーがないかをチェック
する |

| 審査準備 | ・検算により整えられた審査チェックシートを
準備する
・検算結果が Excel のマクロ機能により交付・
不交付決定一覧に登録される |

ロボット化

| チェック | ・人の目視でロボットで処理できない部分をチェッ
ク |

| 交付・不交付決定 | ・ロボットによるチェック結果と、人の目視による
チェック結果を踏まえて、人が交付・不交付の
判断を行い、結果を入力する |

| 交付・不交付
決定一覧への
入力 | ・交付・不交付決定の記録をとり、それを取り
込むと一覧に反映される |

ロボット化

| 補助金振込先
一覧への入力 | ・補助金振込先一覧も更新される |

| 行政庁へ連携 | ・交付・不交付決定一覧と補助金振込先一覧のデー
タを行政庁へ提出することで、助成金の交付・
不交付確認、振込処理が行われる |

図表 3-39　申請書のデータ化

・交付申請書兼請求書（申請内容を転記した Excel データ）

◾◾市特定支援金　チェックシート

受付番号	
法人名又は氏名	0

交付申請書兼請求書（様式第1号）

1.申請者情報

	〒一住所			※
郵便番号			申請日	
住所又は所在地			受付日	
フリガナ			OCR確認	日付 / 担当者名
法人名又は個人事業主名				
代表者名又は屋号等			青白判定	

申請担当者	連絡先	種別

申請者区分（法人・個人事業主）	法人番号（法人のみ）	創業年月日（西暦）	業種	業種判定
				指定外

☐　個人事業者にチェックを入れた方のうち、「主たる収入を雑所得・給与所得で確定申告した方」は ■

法人の場合		個人事業主の場合	
常時雇用従業員数	資本金額・出資額	職業	

2.対象月

対象月	比較年	減少率

3.応援一時金支給申請額

助成金の額		法人：上限200,000円　個人：上限100,000円

4.応援一時金の振込先

金融機関名			預金種別	
金融機関番号		支店番号	口座番号	
口座名義人(フリガナ)				
申請者名と口座名義が一致しない場合の理由				

・支給申請書

受付番号 □□□□□　　（様式1）

支給申請書

令和 3 年　月　日

　支給を受けるため、裏面「宣誓・同意書」に同意し、関係書類を添えて申請します。なお、下記に記載した事項については事実と相違ありません。

1　申請者情報

申請者情報	事業所所在地	郵便番号	〒		
		住所			
	申請者名（法人名又は個人事業者名）	フリガナ			
		法人名又は氏名			
		代表者名又は屋号等			

申請担当者名	連絡先（日中に連絡可能な連絡先を記入）	連絡先種別（☑）
	－　　　　　－	□ 事務所　□ 自宅 □ 携帯電話　□ その他

申請者区分（☑）	法人番号（法人の番号のみ）	創業年月日（西暦）	業種（※1）
□法人　□個人事業者		年　　月　　日	

□　個人事業者のうち、「主たる収入を雑所得・給与所得で確定申告した方」はチェックしてください。

※1　業種は裏面の一覧表から当てはまるものを選択し、数字で記入してください。

○法人の場合

常時雇用する従業員数	資本金額・出資の総額

○個人事業者の場合

職業（確定申告記載のもの）

2　対象月（減少率は「支給申請額計算書（様式2-1〜5のいずれか）」により計算の上、転記してください。）

対象月（どちらかに☑）	比較年（どちらかに☑）	減少率
2021年 □ 4月　□ 5月	□ 2019年　□ 2020年	.　％

3　支給申請額（「支給申請額計算書（様式2-1〜5のいずれか）」により計算の上、転記してください。）

給付を受けようとする応援一時金の額 （法人：上限200,000円　個人事業者：上限100,000円）	0 0 0　円（千円未満切り捨て）

4　振込先（法人の場合は法人名義のもの、個人事業者の場合は事業者本人名義のものに限ります。）

金融機関名		
□ 銀行　　□ 信用組合 □ 信用金庫　□ 農協		□ 本店　　□ 出張所 □ 支店　　□ 支所

金融機関コード 支店コード	口座種別（☑）	口座番号（左詰で記入）
	□普通預金 □当座預金 □貯蓄預金	

口座名義人（カタカナ）

申請者名と口座名義が一致していない場合、チェックの上、不一致の理由をご記載ください。	□	不一致理由（屋号、事業承継、改姓　など）

※　金融機関名、支店番号、支店名、口座種別、口座番号、口座名義人が確認できる通帳の写しを添付してください。
※　ゆうちょ銀行の支店名は、店番号を記入してください。
※　ゆうちょ銀行の口座種別は、以下を参考に選択してください。
　　総合口座・通常貯蓄→普通預金、振替口座→当座預金、通常貯蓄貯金→貯蓄預金

(裏面「宣誓・同意書」を忘れずにご確認ください)

・受付台帳

受付番号	受付年月日 入力用：可能ならば郵送日か書込み月日など	郵便番号	住所	会社名フリガナ ※半角全角、及び略でも可	申請内容 ※法人名は略でも可	役職・代表者名	屋号 （個人事業主の場合）	法人個人	法人番号 （法人の…
000001	令和○年○月○日				株式会社 ・・・・	代表取締役 ・・・・		法人	
000002	令和○年○月○日				特定非営利活動法人 ・・・・	代表社員 ・・・・		法人	
000004	令和○年○月○日				・・・・	代表 ・・・・		個人	
000003	令和○年○月○日				有限会社 ・・・・	代表取締役 ・・・・		法人	

(2) 審査準備

　審査にあたってクリアされているべき要件を満たしているかをチェックするための審査チェックシートを、ロボットが準備して機械的にチェックできる項目はロボットがチェックして、その結果も表示してくれます。シートでは、次の①〜③の審査項目を満たしていない場合にエラーが表示されます。こうした検算・検証は、申請書の内容をデータ化したことにより可能となったものです。

① 二重申請の防止
　→ 既に同じ会社名の申請書の受付をしている場合、赤く表示されます。
② 売上減少要件計算
　→ 売上減少要件を満たしているかどうか申請書から読み取ったデータに基づきロボットが計算し、申請者が記載した売上平均額や減少率が誤っている場合、赤く表示されます。
③ 助成額計算
　→ 正しい助成額をロボットが計算し、申請者の記載が誤っていれば赤く表示されます。

　これにより、人が審査を行うにあたり確認すべき情報が完備されます。

(3) 審査

　人が審査チェックシートの各項目を1つずつ確認し、訂正事項や確認事項がある場合、申請者に電話連絡をして調整します。

（2）のような業務はロボットでの自動処理に適していますが、それ以外の部分は人が目視で確認する必要があったためです。自動処理が困難なものとしては、特に添付書類が関係する部分があります。

① ロボット化しやすい部分

・所定の様式に記載された数値に関する判定

・所定の様式に記載された文字の転記

② ロボット化しづらい部分

・添付書類の確認

　例）家賃の額がわかる契約書・支払い記録は、書式が様々であるため AI 付き OCR による読取りが困難

　　　補助金振込先口座の通帳の写しは、コピーの取り方が一定でないため AI 付き OCR による読取りが困難

・中小企業であることの確認

　例）申請書に書かれた事業内容により判断するが、記載内容が様々であるため、業種の判断の自動化が困難

　　　履歴事項全部証明書における資本金の記載位置は、法人によって異なるため AI 付き OCR による読取りが困難

（4）補助金振込先一覧へのデータの反映

審査が終わったら「交付・不交付決定一覧」に結果を入力し、補助金振込みへと移行します。Excel のマクロで自動的に申請者情報（振込先口座情報を含む）が審査チェックシートから「補助金振込先一覧」のデータに転記されますので、このデータを委託者（行政機関）に提出すれば、委託業務の 1 サイクルは完了です。

図表3-40 補助金振込先一覧

No.	受付番号	審査日	氏名 法人は会社名 個人は代表者名	法人 個人 区分	法人番号	生年月日 減少率 記載不要	判定額	金融機関名	金融機関 コード	支店等 番号	預金 種別 区分	口座 番号	口座名義人 フリガナ ※ 必ず略称で入力	入力日時 記載不要

【総括】
・入力業務を自動化したため、少ない人数で膨大な処理に対応できた

VI　その他の業務への RPA 導入と効果

　I〜**V**で紹介した業務の他にも、次のような業務で RPA、AI 付き OCR、マクロ等の活用による省力化・合理化を図りました。

- 労働局委託事業における 36 協定に関するアンケートの集計業務
- 36 協定の自動作成（一覧表に事業所名・事業所所在地等を入力することで、各事業所の 36 協定を自動作成）
- 36 協定の範囲を超える時間外労働の抽出（連絡表に色付け）
- セミナーにおける受講者リスト・受講票の作成
- 顧問先への一斉メール送信
- 雇用保険、社会保険未加入者に関する加入要否確認メールの作成（賃金台帳から賃金額が一定額以上の未加入者を抽出し、加入が必要ではないかを確認するためのもの。コンサルツールとして活用）
- 社会保険料改定のお知らせメール作成（料率変更、介護保険該当、年金喪失等の情報を抽出し、顧問先に案内するメールを作成）
- 一人親方の労災保険特別加入申請
- 助成金申請書類の自動反映（マクロの関係項目に入力すると、各様式の該当部分に一斉反映）
- 雇用調整助成金の助成額算定方法の比較（3 通りの算出方法を比較し、最も高い助成額算定方法を判断）
- 人事考課の集計

　今後も、当法人では社労士業界の RPA 化推進におけるリーダーカンパニーとして、他に追随されない開発・ノウハウ構築をするための努力を惜しみませんので、ご期待ください。

第 4 章

RPA 導入が事務所 経営にもたらす効果

I 経営上の効果

II 顧問先サービス上の効果

III 各種メディアで紹介された ことによる知名度アップ

Ⅰ　経営上の効果

1　時間短縮・負荷軽減効果

（1）定着率や収益も向上

　RPA 化により多くの作業が自動化され、大幅に時間が短縮されたことで、当然に人件費削減（コスト削減）にもつながっています。これは、人員削減（リストラ）ではなく、他の業務への転換や時間外労働の削減という意味です。

　定型業務の負荷が著しく軽減され、職員が人間でなければできない業務（顧問先とのコミュニケーション、営業企画等）に注力できるようになったため（**図表 4−1**、**図表 4−2**）、以前よりも活き活きと仕事をしています。「RPA 化により仕事が楽しくなった」ともいえます。

　この効果により、職員の定着率が向上（満足度向上）しただけでなく、顧問先サービス（法改正対応、就業規則改定、助成金提案等）に時間をかけられるようになったことによる収益向上の効果も出てきています。

時間	RPA導入前	RPA導入後
夜間		ロボットが公文書の更新・ダウンロードを行い、顧問先へのメールを作成
8:30〜8:40	朝礼	朝礼
8:40〜9:00	公文書の更新・ダウンロード 顧問先へのメール作成	ロボットが処理した公文書ダウンロードとメールを確認し、送信
9:00〜12:00		給付処理 得喪業務は書類の読込みのみ ◀┈┈
12:00〜13:00	昼休み	昼休み
13:00〜17:30	給付処理 得喪情報の入力	顧問先サービス（法改正コンサル、就業規則見直し、助成金申請等）◀┈┈

午前中いっぱいかかっていた公文書の処理やメール作成を行わなくてもよくなったので他の業務を前倒しで処理できるようになり、人間でなければできない業務を行う時間が生まれた

時間	フロント担当	RPA	得喪担当
5：00		・完了した電子申請の公文書のダウンロード	
7：00		・ダウンロードした公文書の納品メールを作成	
8：40～	・公文書納品メールを確認し送信		・手続きが完了したものを業務進捗管理ソフトへ登録
9：00～ ～17：30	・顧問先から依頼された処理をロボット作業へ回す ・顧問先から受け付けたデータに不備があるなどでRPAからエラー表示が出た事項につき顧問先への確認事項連絡 ・顧問先からの人事労務相談対応 ・顧問先への最新情報案内 ・顧問先への助成金活用提案他	・新規に受付したものを業務進捗管理ソフトへ登録 ・フロントが受け付けた業務を、データ処理かOCR処理かを判断し加工処理 ・OCR処理の場合は、AI付きOCRを起動し読取処理 ・データ処理またはOCR処理が済んだら、その旨を、システムマスタへ登録 ・マイナンバーの取得等を行った場合はマイナンバー管理ソフトへ登録 ・社会保険関係資料を出力し、納品メールを作成	・登録された内容をもとに行政への電子申請を行う ・RPAが作成した社会保険関係資料の納品メールを送信
22：00		・全社の電子申請更新処理を実施	

図表4-2　RPA導入後の1日の得喪業務の流れ

(2) RPA 導入による時間短縮効果の実際

　当法人が RPA 導入によってどのくらい作業時間を短縮できたか、実際に測定してみましたので、ご紹介します。

①　得喪業務

No	業務区分	時間短縮効果
1	電子申請更新作業	343 時間削減（20,588 件×1 分 / 件）
2	公文書ダウンロード	796 時間削減（4,776 件×10 分 / 件）
3	顧客宛て公文書納品メールの作成	410 時間削減（2,465 件×10 分 / 件）
4	入社・退社・変更の登録	348 時間削減（2,092 件×10 分 / 件）※取得・喪失証明書作成を含め、1 件当たり平均 10 分
合　計		1,897 時間削減

②　給与計算業務

No	業務区分	時間短縮効果
1	連絡表作成	104 時間削減 （417 件×15 分 / 件）
2	連絡表メール作成	43 時間削減 （260 件×10 分 / 件）
3	連絡表取込み	47 時間削減 （284 件×10 分 / 件）
4	検算チェック（前月対比）	418 時間削減 （837 件×30 分 / 件）
5	納品物作成（帳票出力、納品移動・郵送等）	314 時間削減 （メール：268 件×50 分 / 件 ＋その他：183 件× 30 分 / 件）
合　計		926 時間削減

③ 労働保険の年度更新業務

No	業務区分	時間短縮効果
1	資料準備	429 時間削減 (13 時間（26 件／日）×33 日稼働)
2	入力作業	1,056 時間削減 (32 時間（36 件／日）×33 日稼働)
3	納品準備	1,089 時間削減 (33 時間（36 件／日）×33 日稼働)
合　計		2,574 時間削減

④ 社会保険の算定基礎業務

No	業務区分	時間短縮効果
1	事前資料準備	83.6 時間削減 (3.8 時間（46 件／日）×22 日稼働)
2	申請前の検算	589.6 時間削減 (26.8 時間（46 件／日）×22 日稼働)
3	決定通知確認	506 時間削減 (23 時間（46 件／日）×22 日稼働)
合　計		1,179.2 時間削減

　①〜④を合計すると、37,629.2 時間を削減することができました。1 人当たり年 1,920 時間勤務と仮定すると、19.5 人分の省力化となります。

2 コスト削減効果

　RPA による処理が軌道に乗れば、人員を増やすことなく受注拡大に対応することができるようになります。今まで、大量の業務を処理する方策は人海戦術のみであり、受注を拡大する

ためには人を増やす必要があったため、必ずしも受注の拡大＝収益力アップとはならない面がありました。しかし、人員を増やさずに受注を拡大できる体制となれば、おのずと収益力も上がっていきます。

3　顧問先サービスの強化

　図表4－1でお示ししたとおり、職員が事務処理に要していた時間から解放されたことで、顧問先サービスに注力する時間を確保することができるようになりました。必要な知識を習得し、顧問先への提案・説明について頭の整理をする時間を確保でき、従来よりも一段上のサービスを提供することができるようになっています。

 図表4－3　職員の変化

RPA導入前	RPA導入後
・目の前の作業で精いっぱい	・作業ではなく、提案に注力できる ・新しい業務へ挑戦できる
・同じ作業の繰返し ・顧問先と接する機会がない	・顧問先と接することで、やりがいや気づきが生まれる ・顧問先が何を求めているか、自分に何が足りないかを認識できる
・自己啓発の意欲が湧きにくい	・自己啓発意欲が湧く

4 人材不足対策

　現在は売り手市場となっており、求人を出してもなかなか応募が来ないのが実情です。コロナ禍による変化もありますが、それでも当法人が求める人材とのミスマッチは多くあります。日本の労働力人口はどんどん減少していきますので、人手不足問題は今後も付きまとう経営課題です。人材が集まる魅力的な会社にして人材獲得競争に勝つことも重要ですが、ロボット化により人への依存度を下げることも、有効な方策となります。

　例えば、当法人では**図表4－4**の業務を人がやらなくても対応できることとなりました。ここに挙げている業務のためにパート職員を配置しているところもあるかと思いますが、もし1人以上かけているならば、ロボットを導入したほうが合理的と考えます。

5 受注拡大・差別化

　ロボットにより大量の業務を処理できるようにする一方、省力化、正確さの向上等も図れれば、受注できる業務の幅も広がります。当法人では、大手企業の事務処理や行政機関からの委託事業での大量処理など、従来は対応に苦慮していたものが、人数をかけずに対応可能となりました。この流れで受注拡大をしていけば、同業者が対応しない案件にも対応でき、ノウハウが拡充され、差別化をし続けることができます。

No	業務区分	人間がやらなくなった業務
1	得喪業務	・社員マスタの入力 ・雇用保険、社会保険の加入・喪失・変更処理の電子申請データ作成 ・社会保険取得・喪失証明書の作成 ・社会保険料一覧表の作成（加入者の保険料のお知らせ等） ・公文書の更新 ・公文書のダウンロード ・顧問先へ公文書を送信するためのメール作成、添付ファイルのパスワード設定
2	給与計算業務	・勤怠データの入力 ・納品物（給与支給・控除一覧表、金種表、振込一覧表、給与明細書等）の作成 ・納品物の郵送・持参
3	労働保険の年度更新業務	・賃金データの入力 ・納付書の印刷 ・納付書への押印、郵送・持参
4	社会保険の算定基礎業務	・2等級以上の差の抽出 ・納品物の印刷 ・納品物への押印、郵送・持参 ・行政機関からの結果通知と届出内容の差異抽出

図表 4-5　顧問先の声の変化

RPA 導入前	RPA 導入後
・事務処理の連絡しか来ない ・事務処理をやってくれているとは思うが、何をしているか、よくわからない	・法改正、助成金の活用など、いろいろな情報をくれるようになった ・いろいろなアドバイスをもらえるので、人事労務管理の強化につながっている

6 サービス強化に向けた人員配置の変更

　RPA化により得喪・給与計算業務の省力化が実現したので、得喪・給与計算業務担当からフロント業務担当へのシフトを進めています。

　今までは、職員が目の前の事務処理を黙々とこなすしかない状況にあったため、他業務の習得や顧問先への提案・営業といった事務処理以上のことを目指すことが難しく、経営側も日々忙しく仕事をしている職員に対しそれ以上を求めづらい側面もありました。

　ところが、RPA化により余裕ができてからは、職員も新たなスキルを身に付けようという気持ちが強くなりました。今まで顧問先と話す機会がなかった職員も、顧問先と接することで感謝される喜びを知ったり、自分に何が足りないかを認識したり、顧問先満足を高めようと自己研鑽をするようになったりしています。そのため、フロント業務で求められる役割や知識が異なることを理解してもらい、顧問先をリードできる知識・スキルの習得を図ろうと、再教育に取り組んでいます。

　黙々と作業をする仕事から、勉強し、自分で考え、顧問先と接する仕事に変わったことで、仕事ぶりが良いかどうかが明らかになります。〇か×かを感じ取れる環境になったことで、やりがいを感じているようです。

　各部署のリーダークラスも、今まで取り組んでこなかった業務を習得したり、部下の才能を開花させたりしなければならないという考えに変わり、他のリーダーとの競争心も生まれ、遅れをとらないよう努力しています。

　人事が活性化し、資格取得に挑戦する者も増え、社内全体が資質向上していると感じます。

Ⅱ　顧問先サービス上の効果

1　ヒューマンエラーの低減

　従来は入力作業が多くあり、時々入力ミスが起きていました。大量に処理していれば、数字の入力ミス、漢字の変換ミス等が一定数生じてしまうのは避け難いものがありました。ミスを防止するためにチェックを厳重にすると、その分、余計に時間がかかることになります。

　RPA化はこの問題を解決することができます。従来手入力していた業務が自動入力となるため入力ミスがなくなり、チェックにかかる労力も減少します。

図表4-6　RPA導入によるヒューマンエラー低減効果

従　来	RPA導入後
・入力ミス散発	・入力ミス撲滅
・氏名等の入力ミスによる不要なクレームあり	・単純ミスがなくなり、無駄なクレームが減少
・チェックに労力	・チェックは最小限
・メールの誤送信が怖い	・ロボットが事業所ごとの番号と連動してメールを作成するため、誤送信リスクが最小化

仕事を合理化するためには、ベテラン職員の癖を防止し、個人プレイを撲滅する必要があります。そのためには、トップが現場に関与する場面も多く出てきます。癖、個人プレイを撲滅することで、引継ぎがしやすくなり、新人教育や配置転換も楽になります。

　人によって仕事の仕方が異なると、教育がしづらく、配置転換時に困惑し、引継事項も多くなります。全社統一の業務手順を徹底することで、これらの問題を解消できます。

2　納期短縮

　RPA化により処理スピードも上がるため、処理完了までの時間が短縮されます。その結果、早く成果物を顧問先に届けられるようになったことが、顧問先の満足度向上につながっています。

　一方、RPA化が進むと、顧問先に対する連絡・連携はメールで行うことが多くなります。その際に注意しなければならないのは、メールを送信するのみで電話等で直に話すのを怠らないことです。仕事上の用はメールで足りるとしても、血の通ったやりとりがないと顧問先は離れていってしまいます。メールだけではわかりにくい部分を補足説明するとか、挨拶や様子伺いをするなど、顧問先のことを気にかけることが重要です。気にかけていることを理解してもらうには、電話等でコミュニケーションをとることが不可欠であると思います。

　社労士の仕事は、顧問先との雑談も含め、顧問先とのコミュニケーションから様々なことを把握し、それがアドバイスやスポット業務につながることが多々ありますので、今後もそのような心掛けを大切にしていきたいと思います。

図表 4-7　RPA 導入による納期短縮効果

従　来	RPA 導入後
電子申請	電子申請
→　手作業で進捗状況を更新・ダウンロード	→　公文書のダウンロード、メール送信準備までをロボットが夜間に実施
→　公文書を顧問先へ送付する準備（メール作成、添付ファイルのパスワード設定）	
→　送信	→　内容を確認し、送信ボタンを押すだけ

3　顧問先サービスの時間拡大

　事務作業に要していた時間が削減され、顧問先とのコミュニケーションに時間をかけることができるようになりました。
　上述した得喪業務でいえば、RPA 導入前は公文書の更新・ダウンロード作業だけで午前中が終わってしまう状況でしたが、RPA 導入後は公文書の更新・ダウンロードを夜間にロボットが処理してくれるため、朝出勤した際にその結果を確認し、メール送信を終えるまで 1 時間以内で済むようになりました。そして、空いた時間に顧問先サービスをすることができるようになっています。顧問先と接する時間の中で、人事労務相談や助成金相談など、様々な案件が出てきますので、さらに提供できるサービスが充実し、職員にとっても刺激となっています。
　得喪担当者が顧問先対応をできるようになったことで、営業担当者の負担も軽減されることとなり、新規契約時のセット

アップ、重要事項説明などを従来よりも時間をかけて丁寧に行うことができるようになった、という効果もあります。

図表 4-8　RPA 導入による顧問先サービスの時間拡大効果

従　来	RPA 導入後
・事務処理に追われる	・事務処理は自動的に行われる
・顧問先対応が雑になることもあった（最低限の事務連絡に留まり、顧問先の悩みを聞き出す努力をしていなかった）	・顧問先対応に時間をかけ丁寧に実施（事務連絡だけでなく、顧問先の悩みを聞き出す姿勢が生まれた）
・顧問先サービス（提案等）はほどほどになってしまう	・顧問先サービスの時間が増え満足度が向上→スポット業務の受注拡大

4　サービスの付加価値を高める活動の強化

　商品開発、顧問先毎の提案内容検討、各自の商品知識向上・自己啓発に時間をかけることができるようになりました。

　顧問先と触れ、様々な相談を受けることで人事労務・助成金・許認可など、様々な知識が必要であることに気づき、顧問先に適切な対応ができるよう、労働関係法令、助成金、各種許認可などの様々な勉強をするようになりました。

　また、法改正対応のための就業規則変更や助成金の活用など、顧問先ごとに提案する内容を考え、説明し、スポット業務の受注につなげる動きも出てきました。このような動きが活発になればなるほど、顧問先の満足度が上がり、職員の達成感につながり、収益にもつながります。

図表 4-9　RPA導入による付加価値向上効果	
従　来	RPA導入後
・目の前の業務で手一杯	・目の前の業務はロボットに任せる
・研究開発等に時間をかけられない	・研究開発や提案に注力
	→　売上拡大

5　さらなる RPA の活用に向けて

（1）業務のロボット化の拡大

　当法人では、さらなる RPA 化を進めるため、次のような展開を考えています。

●**事務処理の全自動化**
　➡　現在は一部に人間のチェック等を必要とする部分があるが、データ投入後は全自動で完了するように進化させる
●**メールの自動返信**
　➡　セミナー申込対応のように、顧問先からの依頼に対し自動返信で「受け付けました」とのメールを送信できるようにする
●**対応基幹ソフトの拡大**
　➡　DirectHR、SmartHR、セルズ等、RPA が対応できる社労士業務基幹ソフトウェアの範囲を拡大する
●**他士業への拡大**
　➡　例えば、税理士事務所の処理（奉行、TKC 等）へと進出する
●**任意帳票の AI 付き OCR によるデータ化サービス**
　➡　電子化してほしい帳票を預かり、当法人にて AI 付き OCR を活用して電子化し、クラウドサービスを利用してデータを引き渡すサービスを展開する

そのための新たなシナリオ開発に着手しており、次のものが進行中です。

①　入社処理の進化

　新しい入社連絡票のフォーマットを整備し、自動的に処理される範囲をマスタ登録までから e-Gov 電子申請に送信するデータ作成までできるようにすべく、開発しています。

②　総合コンピュータシステム対応

　労働保険事務組合が使用する総合コンピュータシステム（総コン）用に賃金報告書を AI 付き OCR で取り込み、データを作成します。

　これは、各事務組合が事業主より回収した賃金報告書のデータをクラウド上の共有スペースにアップロードすると、RPA が自動的にダウンロードと AI 付き OCR での読取りを行い、総合コンピュータシステムに取り込むためのデータを作成するというものです。作成した取込データはクラウド上にアップロードします。

　取り込む際に合計数値の検算も行う仕組みになっているため、合計数値に誤りと思われる箇所がある場合は、マクロによりエラーデータが別途作成され、正しいと思われる数値が表示されますので、労働保険事務組合はそれを参考に修正作業をすることができます。

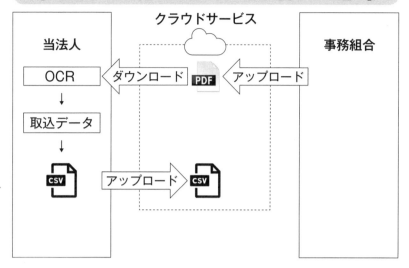

図表4-10 総合コンピュータシステム対応イメージ図

③ 雇用保険給付

　育児休業給付、高年齢雇用継続給付、離職票等の処理を RPA 化するためのシナリオ開発をしています。

(2) データの活用

　従来は、定型業務を自動化することで省力化に大きな効果を発揮しましたが、今後は RPA によって得られたデータを活用する視点での取組みも考えています。例えば、次のようなことが考えられます。

- ・賃金に関するデータ（前年との比較等）を顧問先へ提供
- ・時間外労働の集計（36 協定や過労基準へのアラート）
- ・社員の定着率集計
- ・人事考課結果の集計と賃金への紐付

　RPA 導入においては、それなりの時間と労力を要しましたが、先行して取り入れてよかったと思っています。自社で様々

な合理化を推進できると自信がつきましたので、今後の事業展開の幅も広がりましたし、他事務所へ RPA 導入支援をすることで新しい仲間もできました。

(3) 行政事務の自動化支援

　今後は、行政事務の自動化を支援することが考えられます。当法人ではこれまでにも県や市町からの委託を受け、様々な事務処理を行ってきましたが、その中には RPA の活用により大きな省力化につながるものもあります。

　既に実施済みのものとしては、第3章で紹介した補助金の審査業務における申請事業主の台帳登録・進捗に応じたデータ更新の自動化（138ページ参照）があります。また、調査票の集計業務もあります。何百枚にも及ぶ手書きの調査票の結果を集計する作業は、手作業だと1日以上かかってしまいますが、AI 付き OCR で読み込み、Excel データ化することにより数分でできるようになりました。

・回収した申請書例

市家賃支援助成金　交付申請書　兼　請求書

令和2年 8 月 1 日

ナウイルス感染症緊急経済対策実行委員会

郵便番号	329−3157
住所又は所在地	栃木県那須塩原市大原間西1-10-6
（フリガナ）	カブシキガイシャ　サンプルショウジ
名称	株式会社 サンプル商事
氏名又は代表者名	サンプル　太郎　　　　印
店舗名（屋号等）	

交付を受けたいので，宣誓に同意した上で，下記のとおり申請します。

記

法人番号（法人の場合のみ）	創業年月日（西暦）	業種
1 2 3 4 5 6 7 8 9 0 1 2 3	1980 年 4 月 1 日	サービス

確認書を必ず添付してください）

6 月の減少率	7 月の減少率	3ヶ月平均の減少率
．　　％	．　　％	．　　％

・データ化した申請書例

受付番号	000001
事業所名	株式会社サンプル商事

交付申請書件請求書（様式第 1 号）

申請者情報

郵便番号	329-3157		申請日	令和2年8月1日
住所又は所在地	栃木県那須塩原市大原間西1-10-6			
フリガナ	カブシキガイシャサンプルショウジ			
名称	株式会社サンプル商事			
氏名又は代表者名	サンプル太郎			
店舗名（屋号）				

1.申請者情報

申請者区分（法人・個人事業主）	法人番号（法人のみ）	創業年月日（西暦）	業種
法人	1234567890123	1980年4月1日	サービス

Ⅲ　各種メディアで紹介されたことによる知名度アップ

1　開業社会保険労務士専門誌「SR」記事掲載の反響

　2019 年 11 月と 2020 年 11 月の 2 回、株式会社日本法令の開業社会保険労務士専門誌「SR」に RPA に関する記事を掲載したところ、全国の社労士から大きな反響がありました。

　RPA 導入に関心を持っている社労士が相当数いらっしゃることと、導入の第一歩がなかなか踏み出しづらいことが感じ取れました。同時に、興味はあっても実行できない事務所が相当あることや失敗事例もあることが判明しました。

　図表 4－12　SR 掲載記事（抜粋）　

2 新聞で取り上げられたことによる反響

　日本経済新聞、読売新聞、下野新聞やインターネットサイト（日経×TECH SPECIAL、マイナビニュース）でも当法人のRPA化の取組み、RPA導入支援に関する記事が掲載され、これらの記事を見た方からも問合せをいただきました。マスメディアに取り上げていただくことで、世間からの信頼性が増したものと感じております。

 図表4-13　日本経済新聞　掲載記事

（出典）2021年1月28日　日本経済新聞

（出典）2020年7月14日　日本経済新聞

働き方改革で実証実験
那須塩原　TMCとNTT東

人事労務のコンサルティングを行っている「TMC」（那須塩原市）は13日、NTT東日本のサービスを利用した働き方改革の実証実験を始めると発表した。

実験では、顧客から送られた書類を、NTT東日本の「AIよみと〜る」で自動で読み取り、次に「おまかせRPA」でTMCのシステムに自動入力する。人手で数時間かかる作業を数分に短縮でき、また、深夜帯にもサービスを稼働させることができるため、大幅な負担の軽減が望めるという。NTT東日本によると二つのサービスを民間企業が同時に動かすのは東日本で初めてだという。

TMCでは人事労務関連の事務作業の増加に人手が追いついていなかった。また、主な顧客である中小企業でも、同様の業務の負担が大きいことを感じていたという。TMCの葛西美奈子社長は「中小企業の働き方改革の前例になれば」と話していた。

サービスが起動するべく、自動で入力作業が行われる。（13日、那須塩原市のTMC経営支援センター本社）で

（出典）2019年2月14日　読売新聞

定型事務を自動化　NTT東日本とTMC試験運用
生産性向上へ新システム

TMC経営支援センター（那須塩原市・原間四丁目、葛西美奈子社長）とNTT東日本栃木支店は、手書き書類や帳票の文字読み取りシステム「AIよみと〜る〈AI-OCR〉」と、データ入力、電子申請までの業務を自動化する「おまかせRPA」の試験運用を民間で初めて、システムを連動させた運用を始めた。定型事務処理業務の大幅な効率化を狙う。13日、TMC経営支援センター本社でメディア向けの説明会が開かれた。

NTT東日本管内で両システムを連動させた運用は民間で初めて。試験運用は約2カ月間で、人工知能（AI）の読み取り精度、業務の効率化を検証し、本格導入を目指す。

TMC経営支援センターは埼玉県から岩手県までのエリアで中小企業などの人事務管理業務を請け負っている。個人の属性が記載された「入社連絡票」については、顧客から1日約600件の処理を依頼される。書類の多くが手書きのため、従業員の多くが手作業でI

新システムによる生産性の向上を説明する葛西社長＝13日午前、那須塩原市

件ずつデータを入力し、行政への電子申請をしていた。

今回のシステムでは、1枚50項目ある入社連絡票のデータ入力や電子申請といった定型業務の自動化を目指す。読み取り精度は98％以上。1枚の入力時間は約5分の手作業に対し、3〜5秒で処理できるという。

葛西社長は「確認作業は従業員が行うが、24時間稼働なので、生産性の大幅な向上を期待できる」と話している。

（伊藤一之）

（出典）2019年2月14日　下野新聞

3 オンライン説明会等からの反響

　取引先の協力を得て、全国の社労士にオンラインで説明会を開催したところ、視察希望が増加しました。コロナ禍の状況下においても遠方から来社を希望される方もいましたし、行政機関（県庁、市役所）からの視察もありました。

　こうした反響の理由は、社労士事務所として実際に RPA を活用し、大きな成果が出ている点にあったと思われます。実際の成功体験があれば、他の社労士事務所に導入した場合も成功確率が高いと考えられるからです。

　オンラインでの説明会は、今後も開催していきます。RPA運用の様子がわかるようにテストデータによる実際の処理画面を映しますので、イメージがつかめると思います。

　当法人に来所されての視察も、可能な範囲で対応しています。個別のご相談・ご質問にも対応しますので、導入にあたっての不安・課題を解消できると思います。また、オンラインの時代とはいっても、直接顔を合わせていろいろな話をすることで、お互いに安心できるという面もあるかと思いますので、視察を希望される方は当法人にお問い合わせください。

図表 4-16　視察の様子

第5章

これからRPA導入を検討される方へ

I RPAを導入すべきか否か

II RPA導入方法の選択肢

Ⅰ RPAを導入すべきか否か

　当法人におけるRPA活用の認知度が高まるとともに、自らの事務所における導入について、相談を受けることが多くなりました。本書を読まれている皆様も、関心はあるが不安もある、という方が多くいらっしゃると思います。

　そこで、ここでは当法人で相談を受けた際に聞かれた声とその理由を紹介します。

RPA導入を決定された方	RPA導入をしなかった方
① 受注拡大に備えてRPAが必要 → RPA費用＜＜＜人件費	① 自社のやり方を変えることができない → 顧問先独自のルールから事務所統一ルールへ変更依頼ができない → 今までのやり方を変える必要はないという考えである → 新たに費用をかけてまで処理するほど業務がない → 費用対効果が見込めない → 機能するまでの時間とコストを予見できないため、踏み切れない
② コロナ対策（外出自粛、来社不可等） → 今死ぬかもしれないとのリスク管理	② 社内の意見を調整した結果、現状維持派の抵抗があり、導入を決断できない

	→ 自分の仕事がなくなると考えている
	→ ロボットを信用できない
	→ トップは意欲的であるが、職員が保守的でRPA導入が進まない
③ 今後の展望として、革新的な技術やツールの必要性を感じている → 職場改革の必要性を感じている	③ 小さい事務所だから関係ないと考えている → 将来の受注拡大をイメージせず、現状維持を好んでいる → 今後のデジタル化社会についていけない
④ 人材確保（職員の負荷軽減）、教育時間のロス削減 → 無駄な時間とコストの排除	④ 専門部署（IT部門）があり、システムの変更をしようとすると抵抗に遭う → 現状のシステムと合わないなどの話が出ると、RPA導入などが進まなくなる
	⑤ 大事務所であればあるほど、職員の顔色をうかがい決断できない。

Ⅱ RPA 導入方法の選択肢

1 自社開発と開発済み RPA の導入の比較

RPA 化を進めるには、次の 2 通りの方法があると思います。
・自社で構築する（自力導入）
・構築された RPA を導入する（アウトソース）

それぞれのメリット・デメリットは**図表 5 － 1** のように考えますので、これを参考に導入方法を判断していただくとよいでしょう。

また、説明会への参加や視察等をしていただくと、「RPA を自社で開発するか」「開発された RPA を仕入れるか」のイメージがより具体的になると思います。

さらに、自社開発での導入の詳細については、当法人の体験を第 2 章で詳しくご紹介しましたので、そちらをご覧ください。

当法人では、自社開発した RPA を活用するとともに、他事務所に対する導入支援、つまり上記でいう開発済み RPA の導入支援を行っています。支援を行った事務所の中には、自社開発を試みた後、当法人の RPA 導入を決定されたところもあり、そうした事務所ではシナリオ開発の手間をかけずに RPA を使えるようになることや、初期費用を抑えた導入が可能になることにメリットを感じていただいているようで、支援した事務所からは 178 ページのような声をいただいています。

	メリット	デメリット
自社で構築	・自社の業務手順、様式、基幹ソフトに合ったRPAを構築できる ・社内の改善要望に応じて、柔軟にバージョンアップしていくことができる	・RPAに適した頭脳と意欲を持つ職員が必要 ・構築には相当な労力・時間がかかる ・途中で挫折する可能性もある ・安定した運用になるまでは、不具合への対処が多発する ・行政手続や基幹ソフトの仕様変更などに対し、RPAシナリオも継続的にバージョンアップしていく必要がある ・開発用RPA機器の導入が必要 ・コストが大きい(開発機、運用機、ライセンス料、研修費、担当者人件費)
構築されたRPAを導入	・完成されたRPAを導入するため、簡単に運用できる ・性能と効果が実証されている ・バージョンアップもアウトソース先が適宜実施 ・社内にRPA担当者を置く必要がない ・導入コストが小さい(ライセンス料、ノートパソコン1台、導入支援手数料)	・業務手順、様式、基幹ソフトなどをアウトソース先に合わせる必要がある

・自社で開発しようと考えていたものとほぼ同じ内容の RPA を当法人が作成していたので、即導入を決めた。自社でイメージしていたとおりのシステムであった。
・某 RPA ソフトで更新・ダウンロードを作成し運用開始したが、間もなく基幹ソフトがバージョンアップしたため、ロボットが動かなくなった。その後お蔵入りとなった。
・RPA 開発機を入れて 1 年が経過（約 100 万円を投資）するが、未だにシナリオが完成していない。
・某 RPA ソフトを導入し、更新・ダウンロードが出来たが、月額 12 万の運用費が負担のため、より安価なものに変更した。しかし、更新・ダウンロード以上の開発が出来ていない。（RPA の勉強と開発のためにお金と時間をかけすぎた）
・RPA は簡単と聞いたが、思った以上に労力がかかる。自社開発は無理であり、本業に支障が出ると判断した。
・開発機を導入したが、営業の話と実態のギャップがありすぎた。実際は自社でシナリオ開発する必要がある。サポートも別途料金であり、社労士事務所単体では運用できない。
・同業者である社労士事務所が、使いやすいように改良を重ねているので、使い勝手が良い。

2　RPA 導入にあたり受けられる支援とは？

　上記のとおり、当法人では RPA の自社開発を行い、その RPA を他事務所で導入するための支援を行っています。自社開発に際して受けた支援については、第 2 章で紹介しましたので、そちらをご覧ください。

　また、当法人では開発済み RPA の導入支援を受けたことがないため、ここで紹介するのは、当法人が行っている RPA 導入支援となります。システム会社の行うそれとは異なることをご了承ください。

（1）RPAシナリオ搭載パソコンの納品＋電話やWeb会議によるフォロー

　当法人によるRPA導入支援では、当法人が開発したRPAシナリオ搭載のパソコンを納品するだけであり、極めて簡単です。また、パソコンを宅配便で送付し、リモートで支援を行うことが可能であるため、コロナ禍や支援先との距離に関係なく導入が可能です。操作説明は、Web会議で行っています。

　なぜこのような方法を採っているかというと、導入後もログを確認し、RPAが正しく動作しているか確認して、何かあった場合でも即座に電話やWeb会議によるフォローを行えるからです。また、今後の運用や受注拡大についてのアドバイスも可能となるからです。当法人が使っているRPAをそのまま支援先にも導入する以上、開発者とユーザーは一心同体であり、トラブルやさらなるシナリオ開発が進むことのメリットも共有されることから、顧問先の情報・状況をきちんと把握し、常に研究を進めていくために、このような方法を採用しています。

（2）パソコンでの納品により利用開始までの時間を短縮

　実は、導入支援を始めた当初、支援先に職員が赴いてセットアップや検証、支援先職員の研修などを行っていたため、今よりも時間がかかる方法となっていました。そのため、試行錯誤を繰り返した結果、導入先のパソコン環境を調べてシステムを入れるのではなく、当法人のRPAが搭載されたパソコンを納品する方法へと発想を転換し、今の方法にたどり着きました。すると、丸1日かかっていたものが半日でできるようになり、より価格を抑えての導入支援が可能となりました。

a) パソコン・RPA ライセンス

従　前	現　在
1　当法人開発機と同程度の PC を顧問先へ購入依頼（できれば、同メーカー、同型のパソコンとディスプレイ） 2　当法人へパソコン一式を郵送 3　RPA ライセンスは、顧問先が NTT と直接契約し、ライセンスを購入 4　ライセンス購入後に当法人へ連絡 5　パソコンとライセンス到着後に、これらのセットアップを当法人が行う ※　パソコンとライセンスは、発注してから納品まで 2 週間程度かかり、当法人への連携も含めると、準備までに 1 カ月程度かかっていた	1　パソコンと RPA ライセンスは、当法人で在庫管理し、納品直前の状態までセットアップをする 2　RPA 導入申込みの受領後、導入事務所固有の設定（連絡表等の事務所名設定）のみで出荷でき、最短で当日発送も可能（30 分から 1 時間程度） ※　当法人開発スタッフが開発環境と同様の環境を構築するので、短時間処理が可能

b) 納品・セットアップ

従　前	現　在
1　当法人スタッフ 2 名が現地へ赴き、もう 1 名が当法人本社にて待機（緊急で必要となるシナリオや修正への備えとして） 2　現地到着後、ネットワーク環境の確認（サーバ状況、RPA パソコンがネットワークに接続できるか）、社労夢	1　当法人よりパソコンを発送し、設置は導入先に依頼。ネットワーク設定等が必要であれば、OA 担当業者へ依頼 2　サーバや社労夢の詳細設定は事前にヒアリングシートにて把握しておくので、スムーズに動作テストが行える

従　前	現　在
の設定状況を確認 ※　OA管理業者の立会いが必要な場合、同席を求めていた	※セットアップは１人で対応可能

c) 導入研修

従　前	現　在
1　１つのパソコンに担当者を集めるので、窮屈になる事があった 2　導入先事務所の電話や来客等もあり気を遣う場面もあった	1　基本的にオンラインで行うため、導入先も受けやすい 2　当法人がRPAの搭載されたパソコンを遠隔操作し、その画面共有をすることで、担当者は自分の席にいながら操作方法を聞くことができる

d) メンテナンス

従　前	現　在
1　エラーが発生したときは、画面キャプチャをメールで送付してもらう 2　電話で相手の画面をイメージしながらRPAの再起動等を説明	1　不具合発生時は、すぐにリモートで接続して確認

・RPA 専用パソコン

・開発＆導入支援メンバー

荒井真哉
（部門統括）

阿久津匡貴
（導入支援担当）

岡田和久
（開発担当）

人見巳喜男
（開発担当）

長嶋凌雅
（開発担当）

（3）支援先事務所の声

　今までに当法人が導入支援を実施した社労士事務所は、北海道、宮城、福島、群馬、栃木、埼玉、千葉、東京、神奈川、新潟、石川、山梨、長野、静岡、愛知、京都、大阪、兵庫、山口、愛媛、香川、福岡、佐賀、宮崎、鹿児島、沖縄となっています。導入された事務所の規模も様々で、多くの感想をいただいていますので、一部をご紹介します。

①　5人未満の事務所（神奈川県、愛知県、香川県他）

・　職員を雇用するかどうか悩んだが、RPAを導入して正解だった。給与計算の受託など、新たな受注拡大につなげることができた。社員教育の時間も削減できた。

・　以前から構想していたものと深く重なる点が多かったため、即決で導入を決めた。

・　今までは職員のIDを電子申請更新に充てる必要があり、その間、職員が手持ち無沙汰になっていたが、RPAは夜中に稼働させることができ、チェック作業や公文書のダウンロード、また顧問先ごとにフォルダを作成する手間もかからず、1日2～3時間の作業時間が浮いた。

・　少人数で多くの得喪事務を行っているが、入社手続等に要する時間が2割から5割削減された。削減された時間で顧問先とのコミュニケーションの時間が増えた。

・　電子申請更新・公文書ダウンロード等の定型業務から職員が解放され、新たな業務にチャレンジできるようになった。職員がイキイキとしている。

・　RPAのランニングコストが、パート職員を雇用するよりも低価格であるため、導入しやすかった。

・　公文書取得の煩わしさから解放されて大助かり。メールワイズへのメールアドレス登録も完了の目途が立っており、すぐに本格稼働を予定している。

②　5人以上10人未満の事務所（宮城県、東京都、静岡県、愛知県、大阪府、宮崎県他）

・　専属職員が1日かかって行っていた電子申請の公文書更新・ダウンロード、顧客納品の時間が削減された。そのため、新たに給与計算業務を受注することができた。

・　ロボットが公文書のダウンロードを行い、顧問先へ送信するメールも自動的に作成し、添付ファイルにパスワードもかけてくれるので、内容を確認して送信するだけに業務が軽減された。

・　算定基礎届の準備をする際、2等級以上の差や社員マスタの誤入力と思われる部分を抽出してくれるので、楽に正確に処理でき、ビックリしている。

・　労働保険年度更新で賃金データを自動取込みできるので、入力業務がかなり省力化された。安心して大量受注できる。

- 新規に顧問契約（得喪・給与計算等）をすると職員の負担が増えるため、積極的に営業することができなかったが、ロボット導入により余裕が生まれ、営業を強化することができた。パッケージ化されたシステムを運用するので、受付や業務フローが統一された。顧問先ごとの独自ルールがなくなり、事務所内の業務の引継ぎもスムーズに行えるようになった。
- 実務に沿ったシナリオがとても機能的である。提供された新フォーマットなどを使うことで、顧客との連絡の効率化を進めることができた。

③ 10人以上の事務所（栃木県、千葉県、東京都、鹿児島県他）

- 顧問先から受信した入社連絡票を取り込むだけで自動的にマスタ整備されるので、入力の手間がなくなった。
- 導入費用はパート職員1人分だが、それ以上の効果がある。既存職員の時間外労働も大幅に削減された。
- 社会保険の資格取得証明書なども同時に作成してくれるので効率的で非常に助かる。
- 労働保険確定申告（従業員10,000人以上かつ複数労働保険番号）では、専属スタッフが4日間かけてデータの出力や加工を行い処理していた。これらをすべてRPAで処理できるようになり、大変感激している。
- 担当者や顧客ごとに存在していた独自ルールの撤廃に成功した。作業のムリとムラをなくし、作業の標準化を実現できた。
- 公文書の更新とダウンロードは顧問先ごとの担当者がそれぞれ行っていたが、RPAはすべてを一括して処理してくれるので進捗が把握しやすくなった。
- 更新作業中は他の電子申請機能が使えなくなる制限があり、この間、業務を進めることができなかった。RPAは夜間に作業するため、日中に電子申請の制限を受けることなく業務をすることができるようになった。
- 給与計算で前月対比をしてくれるのでミス防止につながっている。給与明細書のWeb配信により印刷の手間がなくなった。住民税の更新もデータ取り込みで対応できるようになり、とても楽になった。
- 労働保険の年度更新、社会保険の算定基礎届、繁忙期の入社・退社処理等のイベント業務ではRPAに助けられた。職員の作業負担を減らすことができた。
- 事務処理の自動化が進んだので、顧問先へのアドバイスなどに時間を割くことができるようになった。さらに進化したロボット開発を希望。

（4）労働保険事務組合への導入支援

労働保険事務組合に対する導入支援が進行中です。

事業主から回収した賃金報告書等を PDF データにして指定のフォルダに保存すると自動的に RPA が稼働し、AI 付き OCR で読み込むと PDF データから電子データに変換します。電子データに変換した後、RPA で整合性チェックを行ったうえで、基幹システムへの取込みデータを作成し、取込処理を行います。

これにより、各労働保険事務組合は労働保険申告時における賃金の入力作業がなくなります。今後は SR センターへの支援も考えています。

この処理で一番重要なことは、「指定様式の指定箇所に入力していただくこと」です。指定用紙外はもちろん、指定箇所外に入力されたデータは正しく読み取ることができません。事前にしっかりと事業主への説明を行う必要があります。

図表5-7　労働保険事務組合業務の流れ

指定様式の報告書を回収	☐ 人の作業
	■ RPAによる自動処理

指定様式の報告書を回収

⬇

PDF データ等に変換

⬇

AI付きOCRで取込み処理
→文字を電子データ化

⬇

整合性チェック
取込みデータ作成

⬇

正常データの取込み

⬇

エラーデータの修正
取込みデータの確認

(1) 脱コロナ対策

　新型コロナウイルス感染症は、事業活動に様々な影響を与えています。

　会社経営においては、ポストコロナ・ウィズコロナの時代に対応し、何らかの対策を講じることが重要です。新型コロナウイルスが収束しても別の感染症が拡大する可能性もありますし、感染症を恐れる心理的影響はしばらく残ると思われます。

　非接触型サービスという意味では、訪問・来所型の営業スタイルから、メール・郵送・電話・Web 会議システムを活用した営業スタイルへの切替えが挙げられます。

　また、テレワーク対応（在宅勤務、サテライトオフィス、移動中の処理）という意味では、処理・帳簿保管・社内連携の電子化が挙げられます。

　さらに、助成金・補助金の活用など顧問先からの様々なニーズに対応するためには、定型業務を RPA により自動化し、判断を伴う業務に費やす時間を増やす必要があります。事業縮小を余儀なくされた顧問先については、顧問料引下げなども考えられます。そのような事態も想定し、業務の合理化を進め、収益力の高い組織にしておくことも重要テーマであると考えます。

(2) デジタル化・システム化

　顧問先との関係維持のためには、社労士事務所においてもシステム化・デジタル化を進め、社労士事務所と顧問先の双方にとって便利で円滑な仕事の流れを作ることが重要です。また、同時にシステム会社にはできない付加サービスを追求していくことも欠かせません。それを果たすためには、RPAによる業務の合理化が必要と考えます。

(3) 事務所経営の強化策

　自然災害、キーマンの退職・死亡、大不況、法改正など、事務所経営を脅かす事象には様々なものが考えられます。事務所としてのリスク管理、BCP（事業継続計画）策定を推進することが重要です。事象が起きた際に想定される損害を明確化し、損害を最小化するための方策を決め、必要な訓練や点検を定期的に行い、その仕組みを継続的に磨き上げていくことが望まれます。

　時間をかけて築き上げてきた大切な事務所を、たった1回の災害等で失うことになるのはあまりにも惜しいので、考えられるリスク（事業継続を脅かす要素）については、あらかじめ対策をとっておくことが重要です。

(4) システム共有化のメリット

　業務を遂行するためのシステムは、1事務所が単体で運用するよりも業界全体で共有化されたものがあれば有益であると考えます。今後、政府が推し進めるデジタル化に対応するには、業界全体での取組みも必要となってくると思います。

(5) 使える情報、実践している情報の共有化

　社労士事務所は、それぞれに貴重な情報、経験を有しています。国による様々な制度の整備は多くのビジネスチャンスを生み出していますが、これを生かし切れていないケースも多いと想像されます。可能な範囲で情報を共有できれば、お互いの所得増額につながるのではないかと思います。

(6) 使えるシステムの供給責任とサポート責任

　当法人は、自社でRPAの導入と運用を実践し、改善点があればその都度改良し、真に使えるシステムの構築を心掛けています。そして、自社で効果が出ているシステムを他事務

所にも供給しています。「自社で使いやすいもの、効果が出ているもの」を供給することで、RPA導入支援先に対する責任を果たせるものと考えるからです。

　以上、当法人がRPA導入に取り組んだ経緯、取組内容、効果、注意点などをご案内してきましたが、「RPAを導入して本当によかった。今後の事業運営はRPA無しでは考えられない」というのが率直な感想です。もちろん、RPAが軌道に乗るまでには、かなりのエネルギーを使いましたが、その効果は十分に得られていますし、今後もその好影響が続いていきます。

　企業経営は何年かに1度の転換期を迎えますが、社労士業界は相当大きな転換期に来ていると思います。従来の「アナログ・人力・手続代行」の事務所経営から「デジタル・ロボット化・コンサルティング」へ本格的に転換すべき時期となっています。顧問先を守り、事務所を守ると同時に、社労士の存在価値自体を守り、発展させることが重要であり、それを果たすためには、新たな挑戦をし続け、事務所の価値を高め、ときには大胆な職場改革を行うことが必要です。

　RPAは現在、社労士業界を発展させる最大の鍵となっていると思います。

岡部　正治（おかべ　まさじ）

社会保険労務士法人 TMC 代表社員。特定社会保険労務士。

専門はビジネス人事労務法務で、主に企業の経営労務監査、個別労使紛争対策、就業規則対策、賃金・退職金制度、助成金の申請、ビジネス教育コンサル、ISO などに力を入れている。

近年は、AI 付き OCR や RPA 導入による業務効率化や勤怠管理ソフト導入支援などのデジタル化にも注力している。

TMC グループ概要

【本 社 社 屋】

企業は人なり
人は財なり

【各　拠　点】

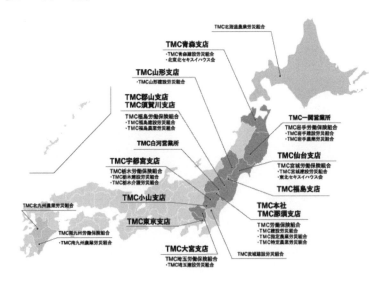

【グループ事業】	株式会社 TMC 経営支援センター
	社会保険労務士法人 TMC
	株式会社 TMC 給与計算センター
	行政書士法人 TMC
	TMC 司法書士事務所
	一般社団法人　全国労働福祉連合会
	TMC 労働保険組合（労働保険事務組合）
	TMC 労災組合（一人親方等特別労災加入組合）
【代　表　者】	代表取締役会長／代表社員　岡部　正治
	代表取締役社長／特定社員　葛西　美奈子
【設　　　立】	昭和 60 年 6 月　法人設立
	昭和 61 年 2 月　社会保険労務士業開業
【資　本　金】	3,500 万円
【社　員　数】	約 160 名（グループ全体）
	（うち有資格者）
	特定社会保険労務士　3 名／社会保険労務士　31 名／行政書士　7 名／認定司法書士　1 名／キャリアコンサルタント　5 名／産業カウンセラー　2 名　他
【顧　　　問】	弁護士　岡部　邦栄（弁護士法人木村謙法律事務所）／弁護士　室井　淳男（浅香法律事務所）／弁護士　藤川　久昭（クラウンズ法律事務所）
【取引先数】	約 4,000 事業所（令和 2 年 4 月 1 日現在）

【事業内容】

●コンサルティング

経営労務監査／ビジネス法務コンサルティング／人事労務コンサルティング／賃金・退職金コンサルティング／助成金コンサルティング／ISO コンサルティング（品質、環境、情報セキュリティマネジメントシステム構築支援）／プライバシーマークコンサルティング（個人情報保護マネジメントシステム構築支援）／BCP コンサルティング（関東地方整備局所管「建設業における災害時の事業継続力認定制度」対応の構築支援コンサルティング）／RPA 導入コンサルティング

●教育セミナー

経営者向け各種セミナー／管理者養成セミナー／新人教育セミナー／助成金セミナー／安全衛生セミナー／働き方改革セミナー／ハラスメント対策セミナー／テレワーク導入セミナー／ISO 内部監査員養成セミナー／BCP 導入セミナー／職業訓練（ハローワーク、産業技術専門校等委託）

・給与計算業務・賃金管理

・有料職業紹介業

・ストレスチェック事務

上記のほか、官庁業務も数多く受託した実績がある。

社労士事務所の
RPA 導入・活用マニュアル

令和 3 年 11 月 20 日　初版発行

日本法令 ®

検印省略

著　者	岡	部	正	治
発行者	青	木	健	次
編集者	岩	倉	春	光
印刷所	日 本 ハ イ コ ム
製本所	国	宝		社

〒 101 - 0032
東京都千代田区岩本町 1 丁目 2 番 19 号
https://www.horei.co.jp/

（営　業）	TEL　03-6858-6967	E メール	syuppan@horei.co.jp
（通　販）	TEL　03-6858-6966	E メール	book.order@horei.co.jp
（編　集）	FAX　03-6858-6957	E メール	tankoubon@horei.co.jp

（バーチャルショップ）	https://www.horei.co.jp/iec/
（お 詫 び と 訂 正）	https://www.horei.co.jp/book/owabi.shtml
（書籍の追加情報）	https://www.horei.co.jp/book/osirasebook.shtml

※万一、本書の内容に誤記等が判明した場合には、上記「お詫びと訂正」に最新情報を掲載
　しております。ホームページに掲載されていない内容につきましては、FAXまたはEメー
　ルで編集までお問合せください。